DRC

国务院发展研究中心研究丛书 2021

“竞争中性”国际趋势及应对策略

马建堂 主编

INTERNATIONAL TREND AND RESPONDING STRATEGIES OF COMPETITIVE NEUTRALITY

项安波 马 骏 袁东明 等 著

中国发展出版社
CHINA DEVELOPMENT PRESS

图书在版编目（CIP）数据

“竞争中性”国际趋势及应对策略/项安波等著．—北京：中国发展出版社，2021.12（2022.4 重印）

ISBN 978－7－5177－1172－8

Ⅰ.①竞… Ⅱ.①项… Ⅲ.①进出口贸易商用规则—研究 Ⅳ.①F746

中国版本图书馆 CIP 数据核字（2021）第 279255 号

书　　　名：“竞争中性”国际趋势及应对策略
著作责任者：项安波　马　骏　袁东明　等
出 版 发 行：中国发展出版社
联 系 地 址：北京经济技术开发区荣华中路 22 号亦城财富中心 1 号楼 8 层（100176）
标 准 书 号：ISBN 978－7－5177－1172－8
经　销　者：各地新华书店
印　刷　者：北京市密东印刷有限公司
开　　　本：710mm×1000mm　1/16
印　　　张：11.75
字　　　数：148 千字
版　　　次：2021 年 12 月第 1 版
印　　　次：2022 年 4 月第 2 次印刷
定　　　价：58.00 元

联 系 电 话：（010）68990535　68990692
购 书 热 线：（010）68990682　68990686
网 络 订 购：http：//zgfzcbs.tmall.com
网 购 电 话：（010）68990639　88333349
本 社 网 址：http：//www.develpress.com
电 子 邮 件：271799043@qq.com

DRC

2021

国务院发展研究中心研究丛书

总　序

深刻把握决策咨询工作新要求
为走好新征程贡献智慧和力量

马建堂

2021年，是党和国家历史上具有里程碑意义的一年。在以习近平同志为核心的党中央坚强领导下，我们隆重庆祝中国共产党成立一百周年，实现第一个百年奋斗目标，开启向第二个百年奋斗目标进军新征程，沉着应对百年变局和世纪疫情，构建新发展格局迈出新步伐，高质量发展取得新成效，实现了“十四五”良好开局。党的十九届六中全会通过的《中共中央关于党的百年奋斗重大成就和历史经验的决议》，深刻总结了党在百年波澜壮阔、气壮山河的发展历程中所取得的惊天动地、改天换地的巨大成就和过去坚持、现在坚持、将来仍需坚持的宝贵经验，深刻阐明了党百年奋斗的历史意义和新时代党的使命担当，必将指引全党全国各族人民以史为鉴、开创未来，埋头苦干、勇毅前行，走好新征程、奋进新时代、创造新伟业。

放眼全球，百年未有之大变局加速演进，世界进入动荡变革期，机遇与挑战并存；立足国内，我国进入向第二个百年奋斗目标进军的新征程，发展具有多方面优势和条件，但也面临不平衡不充分问题，潜力和矛盾共生。新征程上的新形势新变化，对我们认真贯彻落实习近平总书记关于国家高端智库建设重要论述、高质量推进决策咨询事业、走好新的赶考之路，提出了更高更迫切的要求，需要我们在党的创新理论引领下，按照党中央战略决策部署，对党和国家事业中的重大问题深入分析研判、科学谋划对策，更好发挥建言咨政和参谋助手作用。

近年来，国务院发展研究中心坚持以习近平新时代中国特色社会主义思想为指导，深入学习贯彻党的十九大和十九届中央历次全会精神，弘扬伟大建党精神，牢记“智库姓党”，胸怀“两个大局”，聚焦主责主业，持续提高综合研判和战略谋划能力，加快体制机制创新，着力深化国际交流合作，奋力开创决策咨询工作新局面。在创新实践中，我们形成并不断深化了走好新征程对于决策咨询工作新要求的认识。

走好新征程，要求我们更加深入学习贯彻习近平总书记对中国特色新型智库建设的重要指示批示，更好把握决策咨询工作规律。中国特色新型智库是国家软实力的重要载体，是党和政府科学民主依法决策的重要支撑。建设中国特色新型智库，是以习近平同志为核心的党中央立足党和国家事业全局作出的重要决策部署。党的十八大以来，我国高端智库建设取得了长足进步，在出思想、出成果、出人才方面取得了很大成绩，为推动改革开放和社会主义现代化建设作出了重要贡献。同时，我们也清醒认识到，我国具有较大影响力和国际知名度的高端智库仍相对缺乏，智库领军人物和杰出人才仍有待涌现，研究成果与高质量发展的目标要求仍不太适配。新征程对咨询机构建设和决策咨询工作提出了新需求，主要体现在：亟须加强智库组织形式和管理方式创新，进一步优化智库资源配置；亟须加快打造高素质、专业化、复合型的忠诚干净担当的决策咨询人才队伍，尤其是具有国际影响力和战略擘画力的高层次人才；亟须对国际国内重大形势变化和深层次重大问题进行系统、科学、战略研判，进而形成高质量的决策咨询成果；亟须拓展高端智库国际视野，讲好中国故事，不断提升我国的国际影响力和话语权。在新征程上，我们必须牢牢把握决策咨询工作规律，深刻认识新征程对智库建设的新需求，深入调查研究，不断改革创新，努力提出强国兴国的新对策、利国利民的好建议。

走好新征程，要求我们更加自觉以党的创新理论为指导，加快国际一流决策咨询机构建设步伐。理论武装是走好新时代长征路的政治保证。新征程上，作为服务党和政府的决策咨询机构，我们必须始终牢记“智库姓党”，旗帜鲜明坚持党对咨询研究工作的全面领导，牢固树立和坚决贯彻决策咨询机构服务于党和人民事业的理念，坚持以人民为中心、着眼国家整体利益开展决策咨询研究。要不断增强政治意识、夯实思想根基，贯彻好党的基本理论、基本路线、基本方略，持续运用党的创新理论指导咨询研究实践、推进政治机关建设。要把更好学习贯彻党的创新理论和中央决策部署作为根本方向，善于运用马克思主义的立场、观点和方法，找准党的创新理论在咨询研究工作中的落脚点、结合点、创新点，强化问题导向、目标导向、效果导向，更好运用党的创新理论来观察时代、把握时代、引领时代。

走好新征程，要求我们更加主动聚焦“国之大者”，以广视野大担当做好决策咨询研究。“不谋万世者，不足谋一时；不谋全局者，不足谋一域。”新征程上，作为为党中央、国务院出谋划策的研究者，我们必须增强全局视野和系统观念，把咨询研究工作置于党和国家事业发展大局之中。切实把为中央决策提供高质量服务作为初心使命，高质量完成中央交办的任务，为中央提出更多科学精准、务实管用的对策建议。要胸怀“两个大局”，聚焦“国之大者”，深刻理解和把握中央在关心什么、强调什么，什么是党和国家最重要的利益、最关注的问题，做到在重大问题研判上眼睛明亮、头脑清醒，在重大建议谋划上贴合实际、直指要害。要进一步着眼重大理论和实践问题，把握经济社会发展规律，特别是紧紧围绕立足新发展阶段、贯彻新发展理念、构建新发展格局、推动高质量发展，开展深入系统的调查研究，逐步完善根植中国大地、贴近中国实际、具有中国特色的政策研究规范和理论话语体系。

走好新征程，要求我们更加努力推进能力建设，以更高质量的成果更好服务党和政府决策。“知之真切笃实处即是行，行之明觉精察处即是知。”新征程上，作为服务党和政府的决策咨询机构，我们必须坚定不移加强能力建设，培养政治家的站位、哲学家的思辨、科学家的缜密，加强研究人员的思想淬炼、政治历练、实践锻炼、专业训练，提高政治站位、增进政治智慧，不断提高政治判断力、政治领悟力、政治执行力。要进一步瞄准国家重大战略需求，紧盯重点领域和关键环节，善于用百年未有之大变局的宽广镜头来观照现实，善于从多个角度、多个维度看世界，在把握大局大势中找到坐标、找准定位，不断增强综合研判和战略谋划能力。要大力提升调查研究能力，做好做足“脚底板下的文章”，迈开步子、走出院子，扑下身子、沉到一线，捕捉新情况、新问题、新做法。要不断推进研究方式方法创新，加强对大数据等新技术的运用，为研究成果的科学性、可靠性提供坚实有力支撑。

走好新征程，要求我们更加深刻阐释党的理论和路线方针政策，以与时俱进的传播方式不断弘扬正能量、传播好声音。高端智库是思想产品的制造者，也是思想产品的传播者。新征程上，作为国家高端智库，我们要切实围绕党的创新理论和路线方针政策，更加积极主动开展政策解读，着力在视野广度、立论角度、理论深度、创新力度上下功夫。要做实传播平台，拓宽传播渠道，完善传播方式，逐步形成多层次、广覆盖的研究成果传播体系。要健全成果发布机制，打造智库传播品牌，推出更多研究咨询精品力作，形成良好社会效应。要打造和用好论坛等重要国际交流平台，持续讲好中国故事、传播好中国声音。要深化与国际组织、国外政府部门、国际知名智库、主流媒体和权威学术期刊的交流合作，积极用好国外社交媒体，持续提升对国际社会的影响力、引领力。

现在奉献给各位读者的这套“国务院发展研究中心研究丛书2021”，是过去一年多来国务院发展研究中心部分代表性成果的集中展示，也是中心自2010年以来连续第12年将研究成果集结出版。本年度丛书共包括9部著作，其中，《全面建成小康社会进展情况研究与评估》是国务院发展研究中心重大课题研究成果，《迈向2035年的中国乡村》《提升产业基础能力和产业链现代化水平研究》《黄河流域生态保护和高质量发展总体思路和战略重点》《推动共建“一带一路”高质量发展：进展、挑战与对策研究》等7部是国务院发展研究中心重点课题研究成果，还有1部是部（所）重点课题研究成果。12年来，中心出版的丛书累计160余种，受到社会各界，特别是中央和地方各级领导同志以及决策咨询研究机构工作者的高度认可与广泛好评。在此，我谨代表国务院发展研究中心和丛书编委会，向广大读者表示真诚的感谢！希望丛书继续得到领导、专家、读者们的关心、指导和帮助！

“雄关漫道真如铁，而今迈步从头越。”走上新的“赶考”之路，我们要更加紧密地团结在以习近平同志为核心的党中央周围，深刻认识“两个确立”的重大意义，持续深入学习贯彻习近平新时代中国特色社会主义思想，更好践行“为党咨政、为国建言、为民服务”职责使命，唯实求真、守正出新，为在新时代新征程上赢得更加伟大的胜利和荣光，贡献更多的智慧和力量。

2021 年 12 月

（作者为国务院发展研究中心党组书记）

目 录

上篇　竞争中性原则的发展趋势及借鉴启示

第一章

第二章

第三章

下篇 “竞争中性”相关国际规则与应对策略

第四章

第五章

第六章

第七章

第八章

第九章

上　篇
竞争中性原则的发展趋势及借鉴启示

第一章

“竞争中性”的国际演进与借鉴启示

“竞争中性”经历了由澳大利亚国内制度到国际组织软法，再到双多边自贸协定国际规则的三阶段递进演变过程，尝试在政府与市场之间寻找某种协调，提供了完善政府与市场关系的新思路，逐渐成为一项高标准、广覆盖的规则共识，反映出国际竞争新情境下各国制度竞争的强化与博弈。“竞争中性”在全球范围内的阶段性演进和多元化实践，提示中国可适应性借鉴：引入竞争中性原则要有助于促进社会整体利益的普遍提升；实施竞争中性原则需要设置权威性强、相对独立的指导和监督机构，建立完善的执行机制，重视评估工作，准备好推进规则落地、操作性强的政策工具箱；借鉴竞争中性原则完善公平竞争制度体系，甚或主动探索推出“中国版”竞争中性规则体系。

“竞争中性”从聚焦于国有企业改革的国内法，到转为规范政府行为及政企关系的双多边贸易投资新规则，其演进实际上也体现了国际竞争新情势下各国对制度竞争的强化与博弈。借鉴、引入竞争中性原则已成为国际经贸规则和各国竞争政策当中最值得关注的新动向之一。

一、“竞争中性”已由国内制度拓展为国际软法并逐渐演变为国际规则

“竞争中性”是在国有化政策调整、新兴经济体国有企业参与国际竞争程度加深、世界经贸体系对国有企业态度发生转变、全球经济格局调整等国际背景下兴起的。自20世纪90年代在澳大利亚国内系统实施，“竞争中性”大致经历了国内实践、国际组织跟进研究、进入国际经贸协定的三阶段演变历程，相应地可归纳为国内制度、国际软法和国际规则这三个递进发展的版本。

（一）“竞争中性”1.0版本——澳大利亚国内规则（1990~2005年）

“竞争中性”概念最早由澳大利亚明确提出并执行。20世纪90年代，澳大利亚为缓解国内市场竞争不足等导致的种种问题，推进包括国有企业改革在内的国家竞争政策改革。在此过程中，开始出台包括竞争中性原则在内的一系列措施法案（见图1-1），1996年澳大利亚的《联邦竞争中性政策声明》（*Commonwealth Competitive Neutrality Policy Statement*）确立了国有企业公司制改革、税收中性、债务中性、监管中性、盈利率要求、价格反映成本为衡量“竞争中性”的六点关键原则。

1995~2005年，澳大利亚启动为期10年的国家竞争政策改革计划，在水力、电力、天然气和交通等公共事业和基础设施领域推进“竞争中性”改革并配套奖励政策取得成效：“竞争中性”改革使澳大利亚的GDP上升了2.5%；改革之后的澳大利亚公共部门，与同类国家的公共部门相比更有效率——2010年，在世界银行对各国公共部门效率的衡量排名中，澳大利亚位列OECD国家第9位。

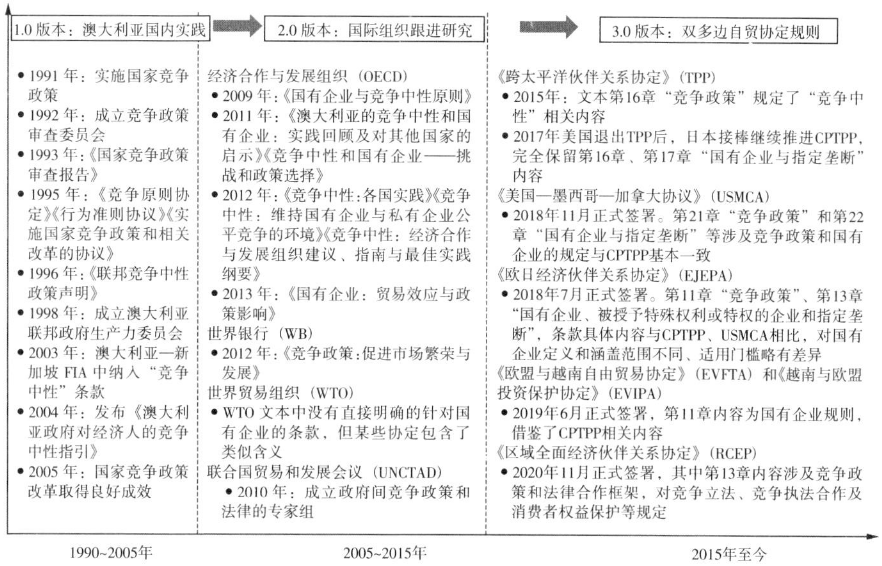

图 1－1 “竞争中性”发展历程

澳大利亚实施“竞争中性”，注重在宏观层面构建政策法规体系，成立相关机构（如澳大利亚生产力委员会），以法规界定“竞争中性”、以机构保障政策落地；在微观层面注重动力机制和实施机制，如建立“竞争中性”投诉机制和支付竞争中性调整费等。

澳大利亚的竞争中性原则针对国内市场、强调实质公平，不排斥政府商业活动。澳大利亚提出竞争中性原则是为了完善自身的市场竞争法律制度，目的是解决本国国有企业经营不善的问题，通过将竞争引入长期受保护的国有部门当中，消除国有企业因更紧密的政企关系而可能导致的资源配置扭曲，以建立公平竞争的市场环境、提高市场竞争的有效性。

（二）“竞争中性”2.0 版本——国际组织跟进研究（2005～2015 年）

在国际层面，较早注意和吸收“竞争中性”概念并展开深入研究的是 OECD。2005 年以来，OECD 围绕“竞争中性”议题，连续编制和发布了系列报告（见图1-1）。

OECD在澳大利亚“竞争中性”六点关键原则的基础上，发展形成了关于竞争中性政策的八要素标准——简化国有企业经营形式、全额成本定价、商业回报率、厘清公共服务义务、税收中性、监管中性、债务和补贴中性、政府采购中性。“厘清公共服务业务”“政府采购中性”是新增要求，其他基本继承了澳版原则。此外，OECD强调实施“竞争中性”主要依靠监督机制和执行机制。

OECD的竞争中性原则针对国际市场、强调形式公平，不反对政府的直接商业活动。OECD明确将竞争中性原则与国有企业经营活动关联起来，重点是搭建竞争中性原则与国有企业公司治理之间的“桥梁”，同时积极在多边场合推广“竞争中性”观点，推动竞争中性原则上升为国际规则，寻求利用这一原则规制各国国有企业。

此外，世界银行、WTO和UNCTAD（联合国贸易和发展会议）等机构对“竞争中性”也有专门研究，但在框架制定和规则设置等方面不如OECD完整和成熟。

（三）“竞争中性”3.0版本——双多边自贸协定规则（2015年至今）

欧美等经济体积极推动将竞争中性原则纳入双多边投资贸易协定，致力于将其国际法化。其中《全面与进步跨太平洋伙伴关系协定》（CPTPP）国有企业条款可视为竞争中性原则在国际多边规则的具体化。

在近期所签订的日欧、越欧、USMCA等美欧主导的双多边贸易投资协定中，无一例外地加入“竞争中性”条款，相关内容纷纷见诸或体现于相关文本中，规制重点进一步聚焦国有企业公平竞争问题且趋向严格。

国际经贸规则中重视“竞争中性”的实施机制，如 CPTPP 设立专门的监督审查机构“国有企业和指定垄断委员会”、规定国有企业条款适用争端解决机制、限制国有企业的绝对管辖豁免权，使之成为有约束力的“有牙机制”。

国际经贸规则中的竞争中性原则针对国际市场、强调公平竞争，反对政府干预市场。在美欧日等经济体和 OECD 等国际组织的推动下，“竞争中性”从倡议性条款逐渐发展为强制性条款，约束力不断增强，逐步实现了更广泛的国际经贸规则中的标准制度设定。

如图 1 - 1 所示，“竞争中性”的动态发展主要表现为：整体上日趋细致化、扩大化和标准化；适用范围和应用场景不断发展和演变——从一国国内市场扩大到欧盟成员国，再扩展到国际经贸体系，从规制公共部门扩大到包括与政府有关的私营企业，再扩大到所有与政府有联系的市场商业活动；规范性要求不断扩展和清晰——从澳版的六点原则到 OECD 的八要素标准，再到 CPTPP 所代表的国际经贸体系所要求的三大核心条款，反映了“竞争中性”由国内法上升到国际经贸新规则、规则范围扩大、标准化程度提高、约束力增强四大趋势。

二、各国对“竞争中性”初步形成基本共识，但在实践中存在差异

“竞争中性”具有政府与市场关系理论、公平竞争理论、经济民主理论和超产权理论（竞争比产权更重要）等理论基础，迎合了公平竞争的普遍需要，因而各国对“竞争中性”的基本原则有一定共识和基本认同。

表1－1　“竞争中性”三版本的主要异同

倡导者	界定	重点	规范性要求	不同之处	相同之处
澳大利亚	政府的商业活动不得因其公共部门所有权地位而享有私营部门竞争者所不能享有的竞争优势	国内竞争政策改革与国有企业改革	六点关键原则：国有企业公司制改革、税收中性、债务中性、监管中性、盈利率要求、价格反映成本	规制对象并不专门针对国有企业 关注重点是促进公平、提高效率	规范政企关系，不因所有制不同而人为造成竞争优势；认同竞争中性原则理念
国际组织（以OECD为代表）	任何企业实体不因所有权而处于有利或不利地位	成员国遵从统一的竞争规则	八要素标准：简化国有企业经营形式、全额成本定价、商业回报率、厘清公共服务义务、税收中性、监管中性、债务和补贴中性、政府采购中性	规制对象转向国有企业；关注重点是通过“竞争中性”推广国有企业治理规则	
双多边自贸协定规则（以CPTPP为代表）	政府支持的商业活动不得因其与政府有关系而享受人为竞争优势	国际经贸体系中的国有企业	三核心条款：非歧视待遇和商业考虑、非商业援助、透明度	规制国有企业在国际经贸体系中的商业活动行为；关注重点是禁止对缔约方形成不利影响或损害的非商业援助	

一是宗旨和要求基本一致，主要表现为：政府应避免扭曲市场经济的行为，不为特定市场主体提供不当竞争优势或设置劣势条件；市场主体遵循商业原则规范运营；以公平竞争促进社会福利最大化。

二是制度体系比较一致，都规定了竞争中性规则的适用主体、适用标准以及监督和执行机制。如“竞争中性”适用于企业参与政府商业活动的情形，也就是说非商业、非营利性活动不适用该原则。“竞争中性”是为了保证企业参与竞争不因所有制不同而享有优势或劣势，以解决因所有制不同而导致的资源配置扭曲；但因规模、经验、文化等差异而获得的企业独特竞争优势不属于竞争中性规制的范畴，是市场经济竞争的标志。

三是基本内涵与核心特征基本一致。“竞争中性”并不排斥国有企业，实质上是鼓励构建竞争的系列政策框架体系，强调公平竞争、规范政企关系，重点规制政府行为。

四是关于“竞争中性”的规范性要求初步达成一般共识。对国有企业，要求公司化和简化经营形式、核算特定职能的直接成本、要求合理的商业回报率以及税收中性、监管中性、债务中性、信贷中性、政府采购中性与补贴约束等。

五是对非竞争中性行为的表现形式有一定共识。如存在税负差异、监管政策偏袒、显性或隐性担保、补贴、市场准入或退出障碍、要素获取不平等、透明度不够等。

在对“竞争中性”形成“理论上是个好东西”共识基础的同时，各国在实践时却有一定差异。这既因为“竞争中性”在国内国际层面的诞生背景、规制对象、应用范畴各有不同，也有理念、制度、规则的差异，但最主要的还是国有经济占比、国有企业作用、经济发展阶段、经济全球化程度和“竞争中性”相关改革进展等国情差异的影响。

发达国家大多国有经济占比低、竞争较充分，因此积极推动“竞争中性”上升为国际贸易投资规则刚性条款。国有经济占比较高的发展中国家在国有企业改革和完善公平竞争环境等方面则面临压力，实践“竞争中性”时较为谨慎。相对于西方发达国家的主动推动，这些发展中国家更多地表现为被动接受或逐渐推进。而且在发展中国家当中，由于国有经济占比和作用仍然存在差异，实践时仍不尽相同。如印度、墨西哥等国在开展涉及“竞争中性”国内改革的基础上，开始接受在国际贸易协定中推进竞争中性原则；马来西亚、越南等国在融入国际规则和区域协定的同时，反对推进过于严格激进的“竞争中性”条款。

中国对“竞争中性”的当前态度是积极借鉴、审慎应用。在理论层面，中国学术界对“竞争中性”多持认同或接受态度。在政策层面，对“竞争中性”的态度则有一个从谨慎对待转向探索性引入，再到选择性吸收的演进过程。目前“竞争中性”进入制度性反思阶段，主要是在积极借鉴的基础上趋利避害，探索和完善适应中国国情的公平竞争制度。

中国之所以积极借鉴竞争中性原则，主要是因为其提供了处理政府与市场关系的新突破口，试图在政府与市场之间寻找某种协调。这与中国“使市场在资源配置中起决定性作用和更好发挥政府作用”的改革方向相契合。中国之所以在实践中对“竞争中性”采取审慎态度，在于国资国企第一大国和最大发展中国家的基本国情，以及希望国有企业在“短跑道起飞”关键阶段发挥作用等因素影响，导致对“竞争中性”还存在一定担忧和疑虑。消除这些担忧和疑虑，关键在于适应性地借鉴竞争中性原则，同时积极参与相关国际规则的完善和制定。

三、借鉴竞争中性原则的有益内容，完善公平竞争制度体系

竞争中性原则从国内实践到国际造法的演进路径，及其在世界范围内的多元实践，给予我们以下几点启示与借鉴。

“竞争中性”全球演进的阶段性特征和多元化实践提示我们要适应性借鉴。一方面，“竞争中性”已经递进演变为部分区域或国际规则的重要内容并产生重大影响，成为主导性新国际规则的趋势明显，是国资国企大国无法回避的问题和推进高水平开放必须应对的硬约束。另一方面，“竞争中性”的阶段性演进和多元化实践，也提示我们不宜简单化处理“竞争中性”。如何借鉴和接受竞争中性原则，要适应中国的发展阶段、改革进程和政策完善程度，立足国情，基于国家经济主权原则，采取趋利避害策略，在能力和规则范围内采取“先行试点、逐步推广”模式，循序渐进实施。

引入竞争中性原则要促进社会整体福利的普遍提升。竞争中性原则要求政策导向从差异化、选择性转向普惠化、竞争性，以公平竞争提高整体经济效率、提升社会整体福利。这提示我们，引入竞争中性原则要拆除保护局部利益的壁垒，更好地落实“两个毫不动摇”和“三公一平一同”，整体提升经济效率和社会效益。

实施竞争中性原则高度依赖倡导、执行和评估这一完整流程。主要表现为按照“竞争中性”的要求，通过竞争倡导、评估等促进相关法律法规的“立改废释”，通过建立执行机制和竞争执法消除“非竞争中性”制度障碍的影响。一是设置权威性强、相对独立的指导和监督机构，保障和监督“竞争中性”政策的贯彻实施。二是完善执行机

制以贯彻“竞争中性”原则。包括建立和完善相关的信息披露机制、纠纷解决机制、适用例外机制、风险防控机制和工作协调机制等；同时，探索更加多样化的执法手段，对有损竞争且通过倡导性方法无法消除的竞争中性障碍，采取执法和司法的方式予以解决。三是重视评估工作，以了解竞争中性原则的落实情况，提升竞争中性原则的实践效果。

操作性强的政策工具是推进竞争中性原则落地的重要基础。这包括竞争法体系、公平竞争审查制度、负面清单制度和“竞争中性”政策试点等在内的政策工具箱。一是设计可拓展的竞争法体系。如以系统观念和拓展视角开展“竞争中性”的顶层设计，以便将政策逐步拓展适用范围，推广应用。二是编制指导审查“竞争中性”的指引。针对现实中复杂的竞争问题，中国执法机构在实践基础上制定具有指导性的执法指南，对公平竞争审查具有基础性作用。三是推动“竞争中性”同负面清单制度深度融合。当前，中国正积极实施全国统一的市场准入负面清单制度。在双多边自贸协定中，负面清单往往与“竞争中性”结合起来成为一项政策工具。这提示中国在自贸试验区引入竞争中性规则并在与负面清单制度相结合的基础上，可逐步推广经验做法，推动竞争中性规则协同负面清单制度的同步实施和全面落地。四是以竞争为基准、以规范政府行为为核心、以改善政企关系为重点，借鉴竞争中性原则推进国有企业改革。

借鉴竞争中性原则主动探索推出“中国版”竞争中性规则体系。“竞争中性”的扩张及实践，实际上也体现了国际竞争新形势下各国制度竞争的强化与博弈。这提示我们要借鉴“竞争中性”完善公平竞争制度体系甚至推出中国版本的竞争中性规则体系，以提升制度竞争力。重点是完善相关法律制度：一方面，可将竞争中性原则纳入公平竞争审查制度和合法性审核机制，要求各地区各部门制定的、与市场主体生产经营活动密切相关的行政法规、规章、行政规范性文件适应“竞争中性”要求；另一方面，依据“竞争中性”的普遍要求，基于防止交叉补贴、提高透明度以及合理豁免等规则，与公平竞争制度相互协调，促进外商投资法、税法、银行法等法律法规对“竞争中性”政策的支撑与配合。在做好上述工作的同时，组织研究队伍开展概念创新和理论突破，在双多边贸易投资谈判等场合主动参与再造竞争中性规则和制定相关国际规则，寻求在国际规则中嵌入中国立场的表述，在完善全球治理体系中缩小分歧、增加互信。

第二章

“竞争中性”：理论、政策、实践与启示

从聚焦于国有企业改革的国内法，到转向规范政府及国有企业行为的双多边贸易投资新规则，“竞争中性”的演进及其实践，本质上是国际竞争新情势下各国制度竞争的博弈与强化。梳理挖掘“竞争中性”的理论基础、基本目标、基本内涵和主要观点，分析竞争中性原则的政策实践和“非竞争中性”的表现形式，有助于认识竞争中性原则的全貌，以期引领和打造竞争中性原则的“中国版”。

一、竞争中性原则的理论基础

竞争中性原则具有较为深远的理论渊源，基于市场经济基本原理，体现了市场经济体制的内在要求，其核心理念契合了企业公平竞争的制度建构诉求，与中国新一轮国有企业改革方向大体一致。

（一）政府与市场关系理论

经济自由主义和政府干预主义的争议由来已久。经济自由主义认为，要素和产品应该完全开放和自由流动，政府权力不能渗透其中，政府唯一的合法角色是提供明确的市场规则。然而，一方面由于资本

的逐利性本质，影响或导致市场秩序混乱；另一方面，由于现实中存在“市场失灵”，政府有干预市场的理由和动力。因此，政府干预主义认为，政府干预可以减少市场交易的成本，并可规范与制约市场经济中的不合理因素。当政府通过组织生产干预市场时，比如通过国有企业这一政府与市场的“界面”，若政府不能公平对待不同所有制的市场主体，就会产生“非竞争中性”问题。竞争中性原则在政府与市场之间寻找某种协调，一方面肯定国有企业在特定领域弥补市场缺陷的功能；另一方面主张在发挥市场的决定性作用的同时，规制政府干预市场时可能存在的扭曲政策，规范政府行为。

（二）公平竞争理论

竞争是市场经济最基本的运行机制之一，是市场发展的主要动力。竞争可提高产品和服务的质量，更好地满足消费者需求。竞争的开展、价值规律的有效发挥，需要公平的市场环境支撑，要求享有充分的自主性与高度的自由度。

公平竞争主要体现为以下三个层面：第一个层面是形式公平——每个市场主体均按照法律规定履行相应权利、承担相应义务；第二个层面是实质公平——每个市场主体保持相对平等的市场主体地位；第三个层面是结果公平——每个市场主体在享受相同市场待遇的基础上，在分配环节也应遵循公平原则，接受同等待遇。

公平竞争理论认为，各市场主体应统一置于平等环境中展开公平竞争，遵循同样的市场规则，受到同等的保护和约束。

（三）经济民主理论

经济民主理论认为，参与市场竞争的经济主体享有充分的市场参与权与退出权，“经济民主”是合理制度的催化剂；要求政府发挥宏观调控功能，秉持民主、平等与法治理念，维护市场经济制度。民主在经济领域层面的渗透，其思想内核是自由平等的价值观，保证市场主体的自由与个性需求，激发市场的活力与潜力。

竞争中性原则同样基于平等理念，适用于参与竞争的市场主体之间，有利于实现公平竞争，可以看作系统性的“经济民主”制度规则。

（四）超产权理论

斯蒂格利茨认为，竞争是企业改善效率的根本保证。国有企业是否有清晰的产权界定并非改革的关键，因为世界上大多数公司的经理人都是受雇而来的。中国东部、南部地区经济快速增长与国有企业并存，说明产权并不是影响经济发展的最关键因素。Borcherding（1982）认为“竞争比所有权更重要”，在充分竞争条件下，国有企业和非国有企业并不具有显著的单位成本差异，竞争强度直接决定企业内部制度；企业可以通过改变内部治理机制来应对高强度竞争环境，从而提高经营绩效。应该超越产权去考虑市场竞争主体地位，健全和完善市场体系，引入积极有效的市场竞争，帮助企业主动、公平地参与市场竞争，提升资源配置效率。

二、竞争中性原则的基本目标

竞争中性原则通过促进国有企业改革、规范政府行为，以增进社会整体效益，形成多方共赢局面，可以归纳为三个方面的目标：建立内外均衡、相互制衡的公司治理结构，这是基本目标；营造公平竞争的市场环境，这是核心目标；促进社会整体效益最大化，这是根本目标。

（一）建立内外均衡、相互制衡的公司治理结构是竞争中性原则的基本目标

建立现代企业制度，构建内外均衡、相互制衡的公司治理结构，使企业成为真正的独立市场主体，是竞争中性原则的基本目标。

“竞争中性”是现代市场经济国家普遍使用的处理不同所有制类型企业关系的技术性原则。有的大陆法系国家的国有企业数量还比较多，有的政府股份比重还很高。在竞争中性原则下，欧洲的国有企业大多建立了内外均衡、相互制衡的公司治理结构，所有制色彩并不浓厚，甚至感觉不到是不是国有企业，所有制也因而不成为这些企业在全球市场上开展竞争的障碍。

（二）营造公平竞争的市场环境是竞争中性原则的核心目标

划清政府与市场之间的边界，处理好政府与市场之间的关系，消除政府“越位”“错位”“缺位”，规范政府行为，营造公平竞争的市场环境，是竞争中性原则的核心目标。

从市场主体视角出发，不同所有制类型的企业均遵循竞争中性原则，不因所有制差异而获得竞争优势或劣势，从而均享有公平竞争的地位。

从制度上看，政府不得利用其行政权力，使某些企业比其他企业获得来源于政府的优惠政策。如使某类企业获得比其他企业更多的照顾、使大企业获得比小企业更多的便利、使某一行业企业比其他行业企业获得更多优惠，等等。

通过制定和执行竞争中性原则，以营造公平竞争的市场环境，实际上是有助于实现“发挥市场配置资源的决定性作用，更好地发挥政府的作用”的。

（三）以公平竞争促进社会整体效益最大化是竞争中性原则的根本目标

“中性”意味着不偏不倚，不以部分利益为目标，而着眼于实现社会整体效益的最大化。

从理论上而言，倘若某些市场主体主要因其特殊地位而获得不当竞争优势，那么这类市场主体都不大可能是提供商品或服务的最具效率者。这会降低稀缺资源的使用效率和直接影响整体社会总福利。

“竞争中性”旨在对不同行业、不同规模、不同所有制的市场主体均一视同仁，不为特定市场主体创设不当竞争优势或竞争劣势，进而促进经济资源最优分配，促进市场经济配置效率全面提升，促进整体社会总福利的提升。

三、竞争中性原则的基本内涵与规范性要求

竞争中性原则的内涵十分丰富。“澳版”“OECD 版”“美版”三种代表性版本虽在定义和规范性要求方面尚未形成统一认识，但也存在共性特征，只是侧重点不同而已。

（一）竞争中性原则的基本内涵

目前，“竞争中性”在理论界和国际上尚未形成统一、完整的定义，在不同国家和国际组织的推广中衍生出了不同版本。不同版本的

政策理解对不同国家产生的政策效果各有不同，可以概括为“澳版”“OECD 版”“美版”三种代表性版本。

一是“澳版”定义。“竞争中性”指政府的商业活动不得因其具有公共部门所有权地位而享有私有竞争者所不能享有的竞争优势①，旨在消除从事重大商业活动中的实体因公有制性质而导致的资源分配扭曲。

二是“OECD 版”定义。“竞争中性”指任何企业实体不因所有制而处于有利或不利地位，并未单纯强调国有企业。表述相对“中性”，普适性更强。

三是“美版”定义。“竞争中性”指政府支持的商业活动不得因其与政府有关系而受益（Hormats，2011）。

“澳版”针对国内市场的国有企业，强调实质公平；“OECD 版”与“美版”均针对国际市场，前者规范所有经营实体、强调形式公平，后者针对政府直接相关的商业活动，强调自由公平。“澳版”与“OECD 版”对政府干预市场持正面态度，“美版”则禁止政府干预市场。

审视以上三种代表性版本，进而探索建立适合中国国情的竞争中性原则。我们认为，竞争中性原则的真正内涵至少包括以下三个核心特征。

一是“竞争中性”的核心在于“竞争”二字。竞争中性原则关心政府政策是否有损竞争、破坏市场竞争机制、导致资源配置效率降低，是否导致明显的竞争扭曲或“非竞争中性”行为。

二是“竞争中性”并不排斥国有企业。“竞争中性”只是要求公

① Commonwealth Competitive Neutrality Policy Statement，The Treasury of Australia-Archive，Jun. 1996.

平竞争，要求政府在维护市场公平竞争时，对不同所有制类型企业一视同仁。

三是“竞争中性”是一个多维度概念。“竞争中性”是涉及不同所有制性质、不同规模、不同行业企业之间公平竞争的多维度概念①。

（二）竞争中性原则的规范性要求

“澳版”“OECD 版”“美版”三种代表性版本对“竞争中性”的规范性要求如下（见表 2－1）。

第一，“澳版”竞争中性原则的规范性要求，除要求国有企业成为独立的公司制组织外，还包括其他五点关键原则。一是税收中性，要求国有企业不得享有税收豁免的优势，乃至其竞争对手无法享受的其他优势；二是债务中性，要求国有企业接受与其竞争对手相似的融资成本；三是监管中性，要求国有企业不得享有与其竞争对手不同的监管环境；四是盈利率要求，要求国有实体必须产生足够的回报，以为其长期保有商业资产正名，并支付商业分红；五是价格反映成本，要求牵涉重大商业活动的机构将价格设置在能够完全反映其成本归属的水平，并保证为非商业、非营利活动提供的公共资金不被挪用于补贴商业活动。

第二，“OECD 版”竞争中性原则的规范性要求主要包括八个标准。2005 年，《OECD 国有企业指引》就体现了“竞争中性”的内涵。2009～2012 年，OECD 连续发布了多项关于“竞争中性”的工作报告或图书［其中两个（本）已在中国出版］，具有代表性的是 2012 年发

① 张晨颖：“竞争中性的内涵认知与价值实现”，《比较法研究》2020 年第 2 期，第 160～173 页。

布的《竞争中性：保持公共部门和私人部门的公平竞争》[1]，首次确认了“竞争中性”的八个标准：一是简化国有企业经营形式，将国家所有权职能与可能影响国有企业经营环境的其他国家职能（尤其是市场监管职能）进行明确分离；二是全额成本定价，对国有企业承担的特殊职能和公共义务进行全成本定价；三是在商业竞争环境中开展的国有企业业务，应当有和同业私有企业相近的商业回报率；四是厘清公共服务义务，若国有企业有履行公共（非商业）政策职能的要求，必须对其成本和收入结构适用高标准的透明度和披露要求，以便判定收支所属业务种类；五是税收中性，应尽可能保证国有企业与私有企业享受同样的税收；六是监管中性，应尽可能保证国有企业与私有企业享受同样的监管待遇；七是债务和补贴中性，国有企业在寻求融资时，融资条款应当符合市场利率水平，并规范约束国家发放补贴、救济的行为；八是政府采购中性，政府采购政策和流程应当是竞争性和非歧视性的，并通过适度透明的招投标流程加以保证。

第三，“美版”竞争中性原则的规范性要求主要包括三个核心条款。2012 年 5 月，美国在 TPP（《跨太平洋伙伴关系协定》）第 12 轮谈判中首次提出国有企业议题，对政府企业的控制权及各种政策优惠进行严苛规制。虽然特朗普政府上台后宣布退出 TPP，但这一议题最终成为 CPTPP（《全面与进步跨太平洋伙伴关系协定》）的第 17 章“国有企业与指定垄断”，推动了“竞争中性”在更大范围成为国际贸易的重要规则之一。其中主要涉及三个核心条款：一是非歧视待遇和商业考虑，要求各国在国有企业行政监管和诉讼管辖中，适用同样的规则；二是非商业援助，要求任何缔约方不能向国有企业提供非商业

① OECD. Competitive Neutrality：Maintaining a Level Playing Field between Public and Private Business. Paris：OECD Publishing，2012.

援助；三是透明度，规定各方信息披露的内容和程序。

表 2－1 竞争中性原则的规范性要求

序号	倡导者	规范性要求
1	“澳版”	国有企业公司制改革、税收中性、债务中性、监管中性、盈利率要求、价格反映成本
2	“OECD 版”	简化国有企业经营形式、全额成本定价、商业回报率、厘清公共服务义务、税收中性、监管中性、债务和补贴中性、政府采购中性
3	“美版”	非歧视待遇和商业考虑、非商业援助、透明度、设立“国有企业和指定垄断委员会”

四、竞争中性原则的主要观点

当前，关于竞争中性原则，相关研究在宗旨和内容上的观点基本一致，但对于“竞争中性”的国别情景、适用范围、合理性等还存在一定分歧。

（一）关于竞争中性原则的共识

一是关于竞争中性原则宗旨的观点基本一致。竞争中性原则的目的是避免或减少行政干预导致的不公平竞争优势的出现，确保国有企业和私营主体的公平竞争。这一宗旨在澳大利亚和欧盟的相关竞争立法以及 OECD 的相关理念中均得以明确规定，都强调了政府在市场竞争中保持中性地位，保证国有企业与私营主体在国际市场上平等竞争。

二是关于竞争中性原则内容的观点比较一致。从澳大利亚、OECD、CPTPP 等竞争中性规则的比较研究来看，它们几乎都规定了竞争中性规则的适用主体、适用标准以及监督和执行机制。通过对竞争中性规则的吸收和认可，在国际贸易规则中强化了“竞争中性”。

（二）关于竞争中性原则的分歧

一是各国对竞争中性原则的看法与本国国情存在很大关系。一些西方国家国内的国有企业比较少，对“竞争中性”的支持度较高。在国有企业占比较高的国家，其态度比较复杂。如越南对竞争中性原则认可度较高，其于 2019 年 1 月 14 日正式实施 CPTPP。在国有企业的问题上，越南政府一直致力于推动改革，积极采取对外开放战略、强化法律制度建设并实行国有企业股份制改造，借加入 CPTPP 之机突破国有企业改革瓶颈（当然，这也与其在 CPTPP 中获得较多豁免或例外有关）。中国目前在“竞争中性”问题上，态度则比较谨慎。

二是竞争中性原则中对国有企业界定存在争议。竞争中性原则的适用对象指向的是政府、国有企业和民营企业三类主体。政府和民营企业并不难辨别，问题是如何界定国有企业。CPTPP 对国有企业的定义不仅包括较为明确的资本控制标准，还包括较为详细的控制权标准。但对于次级国有企业、地方国有企业是否应遵循“竞争中性”，以及标准如何设置等尚存在不同观点。

三是有观点认为“竞争中性”概念具有主观性和欺蒙性。有学者利用马克思的市场经济观，认为即使是简单商品流通的市场竞争者也不能说都是无差别、“中性”的，资本流通的市场竞争有多方面关系，都不存在所谓的市场“竞争中性”①。相关观点认为，“在资本主义国家，提出‘竞争中性’，要求私人企业与国有企业无差别地平起平坐，这对私人资本家而言只能是一厢情愿、自欺欺人。这是因为资本主义要求取消国有企业对于私人企业的竞争优势，无异于要求取消现代资本主义经济不可缺少的‘稳定器’，而这种‘稳定器’一旦失去，现

① 何干强：“关乎坚持维护宪法尊严的一个重大经济理论问题——‘竞争中性’辨析”，《高校马克思主义理论研究》2020 年第 6 卷第 1 期，第 39 ~ 47 页。

代资本主义诸多矛盾将立即激化和恶化，私人企业的丧钟也就敲响了”[①]。从这个观点的视角看，“竞争中性”取消或限制国有经济，其实是一种导致私人资本加速灭亡的主张。

五、“非竞争中性”的表现形式

就目前情况来看，各国均不同程度地存在企业因所有制属性而获得特权或竞争优势的情况，存在违背公平竞争的现象。总的来看，主要表现为国有企业因其与公共部门的紧密联系或公共属性而获得高于其他企业竞争者的“净竞争优势”。

（一）因“补贴”而可能导致的竞争优势差异

补贴被认为是一种最直接的政府扶持。相对于其他所有制性质的企业而言，国有企业在获取政府补贴方面具有相对优势，无论是补贴范围还是补贴金额。如何以更透明规范、更符合国际规则的方式实施“绿色”“创新”等“补贴”，仍需各国继续共同努力。

（二）国有企业相对更易于获取要素资源

融资优惠与便利。国有企业是政府实现政策性目标的重要载体和主要抓手，而政府往往也为国有企业的信贷提供了隐形担保。同时，由于共有同一个“大股东”，大多数国有企业与国有银行之间保持着长期稳定、更密切的合作关系，这实际上也有利于缓解信息不对称问题和相对更有助于满足银行自身的风控需求，使得国有企业相对更容易享受利率等方面的信贷优惠。此外，由于民营企业一般是中小微企

① 何干强：“关乎坚持维护宪法尊严的一个重大经济理论问题——‘竞争中性’辨析”，《高校马克思主义理论研究》2020 年第 6 卷第 1 期，第 39 ~ 47 页。

业，资产规模一般偏小且往往缺少抵押物和担保，相对而言更多面临融资难、融资贵等难题。

土地资源使用优势。一般而言，城市基础设施和公益事业用地以及国家重点支持的能源、交通、水利等项目用地可以由政府划拨，使用者只需缴纳少量补偿、安置费用；使用期间，无须向国家支付土地租金或使用费。毋庸讳言，基础设施、公益事业及重点扶持项目往往主要或优先由国有企业经营，这类“划拨土地”一般更多地只有国有企业才有资格取得。

矿产资源利用优势。以中国为例，历史原因形成的国有经济布局结构中，中国国有企业仍大量布局于基础性行业，是主要的矿产资源使用者；而中国矿产资源使用费低于世界平均水平。当然，这一格局随着国有经济布局优化与结构调整，正在发生变化。

（三）部分国有企业的在位优势及政策倾斜

存在政策倾斜。由于更为密切的政企联系以及尚存的“所有制偏好”，一些政府部门更倾向给予国有企业一些优惠待遇，如项目审批时间更快、国有企业在取得行政许可方面更为简便、更易于获取免于监管措施的管理等。此外，国有企业高管人员与政府官员之间存在的“旋转门”或更密切的人际网络，为国有企业从政府部门获取政策倾斜、资源照顾或优惠待遇提供了可能。如国有企业更有可能提前获知政策动态或行政决定，能更快地调整经营活动。

（四）国有企业的信息披露透明度不够

一方面，部分发达国家在各种国际投资协定中不断扩大信息披露范围、提高透明度标准；另一方面，在部分发展中国家和一些发达国家，诸如金融、电信和运输等国有部门的透明度低于相关要求，主要是因为公众关注的相关信息的透明度不够，信息披露的数量、结构、时效存在不足等。

（五）因“非商业活动”而产生的税负差异

国有企业的非商业活动可以获得所得税减免优惠。各国企业所得税法一般规定公共服务公司可以免征、减征企业所得税。不少国有企业布局于公共服务领域，适用较低或免征企业所得税率。但就 CPTPP 等相关国际规则来看，国有企业的非商业活动本就不在规制之列。因此，诸如对公益类国有企业实施所得税减免优惠等措施，是否属“非竞争中性”，有很大商榷空间。

六、国际“竞争中性”的政策实践：政策框架、实施机制和实践成效

随着“二战”后经济全球化的发展和近年来发达国家掀起的“逆全球化”浪潮，竞争中性原则的国际演变可以归纳为递进的三个版本，从澳大利亚的国内实践，发展到国际组织的跟进推广，再到如今双多边自贸协定的规则。

（一）澳大利亚是实践“竞争中性”最早的国家

政策框架：最早明确提出并执行“竞争中性”政策的是澳大利亚。1996 年澳大利亚《联邦竞争中性政策声明》正式提出“竞争中性”概念，即政府的商业活动不得因其公共部门所有权地位而享受私营部门竞争者所不能享有的竞争优势。“竞争中性”政策要求国有企业公司制改革、税收中性、债务中性、监管中性、盈利率要求、价格反映成本（见表 2-2）。

表 2－2 澳大利亚关于"竞争中性"的政策框架

措施	内容
国有企业公司制改革	国有企业改制为独立公司
税收中性	政府的商业行为不得享受比其他市场竞争者更为优惠的税务减免
债务中性	政府需要为其商业行为承担与其他市场竞争者相同的信贷成本
监管中性	政府商业行为不能享受与其他市场竞争者完全不同的政策环境
盈利率要求	国有企业必须提供合理的商业回报率并且需要派发商业红利
价格反映成本	国有企业的商业行为在价格制定上应完全地反映生产成本，非营利项目的资金不得用于补贴其商业行为

实施机制：按照 1998 年澳大利亚颁布的《联邦政府"竞争中性"指南》有关规定，包括以下五个步骤。

第一步，要求政府商业活动定价时考虑所有的成本，并与私营企业可能承担的成本范围保持一致。

第二步，调整政府商业活动可能缺失的成本，使政府商业活动成本与私营企业成本保持一致水平，包括商业回报率、联邦政府和州政府所有税收、规制和债务中立。

第三步，在作出是否实施"竞争中性"改革前，需要对改革的成本进行评估。只有当改革净收益大于零时，实施"竞争中性"改革才是有必要的。

第四步，政府部门商业行为不能实行公司化改革的，该行为应当核算提供服务所必需的所有成本。

第五步，支付"竞争中性"调整费。

实践成效：在 2005 年的评估报告中，澳大利亚政府计算了"竞争中性"改革的成效，"竞争中性"改革使澳大利亚的 GDP 上升了 2.5%[①]。2006 年，澳大利亚生产力委员会发布报告称，政府部门企业

① Productivity Commission (2005), "Review of National Competition Policy: Inquiry Report No. 33".

拥有超过1740亿澳元的资产，每年贡献550亿澳元的收入，如果不能达到“竞争中性”状态，将带来非常严重的后果。1998年，大部分被监测的政府部门企业不能获得商业投资回报率，但在2004~2005年，政府商业部门的盈利能力大为提高，如供电、供水和城市交通领域，也有部分领域盈利能力下降，如铁路、林业和港口。事实证明，经过“竞争中性”改革之后的澳大利亚公共部门，与同类国家相比异常高效。2010年，在世界银行对各国公共部门效率的衡量排名中，澳大利亚位列OECD国家中的第9位。

（二）国际组织的跟进

1. 经济合作与发展组织（OECD）的系列研究

政策框架：由于国有企业在OECD国家中占有一定比例，21世纪初OECD开始关注“竞争中性”并开展系列课题研究。在“澳版”的基础上，积极向国际社会推广简化国有企业经营形式、全额成本定价、商业回报率、厘清公共服务义务、税收中性、监管中性、债务和补贴中性、政府采购中性8项主张（见表2-3）。

表2-3　　OECD有关“竞争中性”的报告一览

年份	报告名称	主要内容
2005	《OECD国有企业公司治理指南》	提供了针对国有企业公司治理的一整套方案，主要内容包括：①确保针对国有企业的有效的法律和监管框架；②国家如何作为国有企业的所有者；③公平对待不同股东；④利益相关者之间的关系；⑤透明度和信息披露；⑥国有企业董事会的职责
2009	《国有企业与竞争中性原则》	主要探讨了两个问题：①竞争法如何适用于国有企业；②公司治理和竞争中性原则之间的关系
2010	《问责和透明度：国家所有权指南》	认为国有企业在所有权和全球市场中发挥着重要作用。透明度和问责制是投资、增长和竞争力的关键

续表

年份	报告名称	主要内容
2011	《澳大利亚的竞争中性和国有企业：实践回顾及对其他国家的启示》	全面介绍了澳大利亚联邦和各州的竞争中性制度框架
2011	《竞争中性和国有企业——挑战和政策选择》	总结了"竞争中性"在OECD国家和欧盟的实施情况，指出全面适用《OECD国有企业公司治理指南》仍然任重道远
2012	《竞争中性：各国实践》	该报告是一份关于各国"竞争中性"情况的调查问卷汇总报告。报告比较分析了不同OECD国家的"竞争中性"框架，总结了在这些国家实现"竞争中性"的八个方面
2012	《竞争中性：维持国有企业与私有企业公平竞争的环境》	该报告一方面厘清私有和国有市场参与者实现"竞争中性"所面临的八项挑战，另一方面根据OECD现有建议及各国实践确立解决挑战的措施。该报告对2005年《OECD国有企业公司治理指南》进行补充，将讨论范围扩展到公共部门的全部商业活动
2012	《竞争中性：OECD建议、指南与最佳实践纲要》	该报告总结了实现"竞争中性"需要国家主管部门优先解决的八大问题
2013	《国有企业：贸易效应与政策影响》	从国际贸易视角提出三个问题：①国家所有权在全球经济中的重要性；②政府赋予国有企业什么类型的优势不符合非歧视性贸易体系的关键原则；③什么政策和做法支持所有市场参与者之间的有效竞争
2015	《OECD国有企业公司治理指南》	在2005年指南基础上更新，向各国政府提出如何确保国有企业以高效、透明和负责任的方式运作的建议

表2-4　　OECD"竞争中性"的政策框架

措施	内容
简化国有企业经营形式	重新定义国有企业和所有权职能部门、监管部门角色，明确国有企业法律地位；厘清与政府以及国家所有权之间的关系，企业自主经营管理；将所有权职能与监管职能分离
全额成本定价	对国有企业因国有性质或履行公共义务所产生的成本优势或劣势进行明确和量化，保持高标准的透明度和问责力度，防止交叉补贴

续表

措 施	内 容
商业回报率要求	要求从事商业活动的国有企业获得与市场水平一致的回报率
厘清公共服务义务	从事公共服务的国有企业有权获得补贴，但应明确认定公共服务目标，准确核算成本，以尽量减少补偿机制造成的竞争扭曲
税收中性	政府企业应与其私有竞争对手承担相似的税收负担
监管中性	使国有企业与私营企业面临相同的法律、政策监管环境
债务和补贴中性	同等条件下国有企业及其他政府商业活动的贷款利率应与私有企业相同。政府应保证其控制的商业实体不得从补贴资金中受益
政府采购中性	政府在安排公共采购（如公共建设、公共服务的招投标）时，使私有企业有机会参与原先由政府控制的领域，私有供应商有机会参与原先的垄断业务

实施机制：OECD 报告在总结了各国的经验后，指出实施“竞争中性”主要依靠两大机制：第一是监督机制。监督机制应该涉及一系列改革议程，并根据监督的情况修改可能需要调整的领域，以确保改革的持续有效性。监督可以通过以下方式进行：一是设立专门的监督机构，赋予其开展调查和发布监督报告的权力；二是赋予相关政府部门及其负责人监督权，在其负责范围内报告并公布改革的进展；三是通过国有企业本身，要求其向相关部门及社会公布改革进展情况；四是通过发布定期报告，比如委托专家进行评估，审查改革的执行情况及其绩效。第二是执行机制。执行机制是指要求政府及国有企业实施“竞争中性”的相关改革机制。虽然不同国家可能会建立不同的执行机制，但是基本要素应该是共通的。一是立法机制：通过立法具体说明国有企业在和私营企业竞争时应该如何开展活动。二是行政机制：要求国有企业履行竞争中性义务。三是正式的投诉机制：建立正式投诉机构，在接受投诉的同时，负责调查被投诉的国有企业是否违反“竞争中性”义务，并有权采取救济措施。四是充分利用各个国家已有的相应机制：很多国家已经建立要求政府部门及其所属企业遵从国

家政策的合规机制，这些机制可以作为实施竞争中性制度的基础。

2. 世界贸易组织（WTO）的竞争中性原则

中国在入世工作组报告中表示今后中国的国有企业在购买和销售产品时仅仅基于“商业考虑”。“商业考虑”这一概念来自《关税与贸易总协定》第17条第1款，该款规定：“国营企业在购买或销售时除适当注意本协定的其他规定外，应只以商业上的考虑（包括价格、质量、资源多少、推销难易、运输和其他购销条件）作为根据，并按照商业上的惯例为其他缔约国的国营企业参与这种购买或销售提供充分的竞争机会。”

WTO《补贴与反补贴措施协议》（简称《SCM协议》）规定，补贴是政府或其他公共机构提供的财政资助并由此获得利益。如果只补贴特定企业或行业，会造成资源配置扭曲，但是如果同时补贴所有企业或行业，则不具有扭曲作用。因此SCM协议在第2条为适用该定义而引入“专向性”概念，把“专向性”作为采取反补贴措施的先决条件。具有专项性的补贴为禁止性补贴，比如出口补贴和进口替代补贴具有专向性，应予以禁止。同理，国内生产补贴如具有专向性也会成为可诉补贴。SCM协议第2条规定了专向性的确定原则——立法明确授予补贴、按照列举因素审查某些或某类企业。事实上专向性补贴在实践中对补贴的专向性判断仍然存在许多疑难问题，分类模糊不清，判断和认定上具有较大的弹性。

依据中国入世议定书第10条第2款的规定，中国国有企业补贴归于有条件的专向性补贴之列，在国有企业是补贴的主要接受者、国有企业接受补贴数量比例很大的条件下，该项对国有企业的补贴将被认定为具有专向性。WTO框架下这种界定专向性的特殊标准，使中国国有企业补贴受到相较于其他国家更为严格的管制，容易遭受他国的反补贴措施。

（三）双多边自贸协定规则

1.《全面与进步跨太平洋伙伴关系协定》（CPTPP）

政策框架：2012 年 5 月，美国在 TPP（《跨太平洋伙伴协定》）第 12 轮谈判中首次提出国有企业议题，对政府企业的控制权及各种政策优惠进行严格规制。虽然特朗普政府上台后宣布退出 TPP，但这一议题最终成为 CPTPP 的第 17 章“国有企业与指定垄断”，并于 2018 年 12 月 30 日生效，推动了“竞争中性”在更大范围成为国际贸易重要规则之一。

CPTPP 国有企业条款规制的主要是从事商业活动的国有企业，从事公共服务的国有企业并不在规制范围。此外，还需要国家直接拥有企业一半以上的股权，或者可以通过所有者权益拥有企业一半以上的投票权，或者一国可以任命董事会或同等管理机构的多数成员。共涵盖定义、范围、授予职权、非歧视待遇和商业考虑、法院和行政机构、非商业援助、不利影响、损害、缔约方特定附件、透明度、技术合作、国有企业和指定垄断委员会、例外、进一步谈判、信息形成过程 15 项条款，外加 7 个附件（见表 2－5）。

表 2－5　CPTPP 竞争中性的政策框架

条款	主要内容
17.1	定义“指定垄断”“国有企业”及相关概念
17.2	国有企业条款适用范围：①从事商业活动的国有企业；②在缔约方境内，国家拥有 50% 以上股权的企业或国家通过所有权控制 50% 以上投票权的企业或国家有权任命董事会的企业，及其他类似主体
17.3	国有企业条款的适用例外：承担公共服务职能、公共管理职能的企业；主权财务基金、养老基金及其拥有或控制的企业；政府采购等
17.4	概括性规定：国有企业在从事商业活动时，应遵守一般商业规则
17.5	监管中立与司法中立：各国在国有企业行政监管和诉讼管辖中，适用同样的规则

续表

条款	主要内容
17.6	非商业援助条款，要求任何缔约方不能向国有企业提供非商业援助
17.7	非商业援助产生情况：包括进口限制、经营许可、价格抑制和削减等
17.8	规定提供非商业性援助产生损害的认定方法和程序
17.9	特殊成员国的例外规定
17.10	透明度要求，规定各方信息披露的内容和程序
17.11	各方在国有企业治理经验、政策、方法的分享方式
17.12	设立“国有企业和指定垄断委员会”，负责审议和考虑国有企业条款的实施和应用，但没有裁决相关争议的权力
17.13	各条款的例外规定，如在国内或全球经济危机时可不遵守17.4和17.6的规定
17.14	成员国推行国有企业条款后的五年内将开展进一步谈判以拓展本章内规则的应用
17.15	开发信息的方法

实施机制：一是专门设立“国有企业和指定垄断委员会”，由每一缔约方的代表组成，其主要职能包括：审议和考虑“竞争中性”的实施；应缔约方请求，对“竞争中性”下产生的任何事项进行协商；在自由贸易区内促进“竞争中性”体现的原则，并为两个或更多缔约方参与的其他区域和多边机构制定类似规则作出贡献；开展该委员会同意的其他活动。除非缔约方另有议定，否则委员会应自本协定生效之日起一年内举行会议，并在此后至少每年举行一次会议。二是争端解决机制，缔约方可以基于非歧视待遇、商业考虑和非商业援助等条款发起诉讼。

实施成效：目前CPTPP有加拿大、澳大利亚、文莱、智利、日本、马来西亚、墨西哥、新西兰、秘鲁、新加坡和越南共11个成员国。这11个国家的经济总量超过88.7万亿元人民币，按GDP衡量是世界第三大自贸区。2020年6月17日，英国宣布，将寻求加入CPTPP，如果英国成功加入，成员国占全球GDP的份额将从13.5%上升到16%。马来西亚、新加坡和越南等国家比较积极，希望通过践行CPTPP中的各项承诺，加快经济结构调整、深化国有企业改革。

2.《欧日经济伙伴关系协定》（EJEPA）

2018年7月欧盟和日本在东京签署EJEPA，该协定共包含23章。第13章“国有企业、被授予特殊权利或特权的企业和指定垄断”，涵盖定义、范围、与WTO协定的关系、总则、非歧视性待遇和商业考虑、监管框架、信息交流、例外共8个条款。

3.《美国—墨西哥—加拿大协定》（USMCA）

2018年11月30日正式签署，使有近25年历史的北美自由贸易区得以保留。新协议除了序言以外，共分34章。对国有企业的规定与CPTPP中的规定基本一致，增加了通过其他所有者权益拥有对企业的控制权，而其他所有者权益包括间接或少数权益。所以其重点依然包括股权、投票权、任命权。第22章“国有企业和指定垄断”，涵盖定义、范围、授予职权、非歧视待遇和商业考虑、法院和行政机构、非商业援助、不利影响、损害、缔约方特定附件、透明度、技术合作、国有企业和指定垄断委员会、例外、进一步谈判、信息形成过程共15项内容，外加6个附件。

4.《区域全面经济伙伴关系协定》（RCEP）

2020年11月15日，第四次RCEP领导人会议举行，东盟十国以及中国、日本、韩国、澳大利亚、新西兰共15个国家，正式签署RCEP，标志着全球规模最大的自由贸易协定正式达成。协定紧跟全球贸易发展趋势，纳入了很多全新的贸易形式，电子商务就是其中之一。协定共20个章节，涵盖电子商务、知识产权、竞争政策、政府采购、中小企业等内容，超过WTO规定的范畴。其中，第13章竞争章节规定了自贸区的竞争政策，主要包括：目标、基本原则，针对反竞争行为的措施、竞争执法机构的合作、保密信息交换、技术合作与能力建设、消费者保护、磋商以及不适用争议解决条款等内容。

（四）欧盟竞争中性原则与竞争法联系更加紧密

和澳大利亚一样，欧盟建立了专门的“竞争中性”管制框架。包括国有企业反不正当竞争行为、识别机制以及消除竞争优势机制。与澳大利亚的政策相比，欧盟竞争中性原则与竞争法联系更加紧密。

政策框架：欧盟基本采用了 OECD 的“竞争中性”政策框架（见表2－4）。

实施机制：欧盟成立之初也面临不同成员国对所拥有国有企业的补贴等扭曲市场资源配置的情况（威廉·科瓦西奇等，2017）。为了在欧盟境内创造不同所有制企业之间的公平竞争环境，欧盟也出台法律对各国政府对于国有企业的补贴、扶持等做法进行严格的规范。《欧盟运行条约》第 106 条明确提出要求欧盟成员国具体落实“竞争中性”的措施，并且禁止成员国对抗关于落实“竞争中性”措施的规定，无论成员国基于何种理由都要坚决贯彻“竞争中性”措施①。

《欧盟运行条约》明确了在涉及成员国国有企业经济活动的处理过程中关于欧盟委员会的职责。按照《欧盟运行条约》规定，欧盟委员会不仅具有要求成员国国有企业遵守竞争法的权力，而且在国有企业受到政府扶持或影响而违反竞争法的情况，欧盟委员会也可以要求成员国停止采取相关措施，从而防止发生因政府对国有企业的优惠行为所导致的资源配置的扭曲以及对其他所有制企业的不公平。欧盟竞争中性原则相关机制如表2－6 所示。

---

① 银温泉：“竞争中性视角下的国企改革”，《宏观经济管理》2019 年第 10 期，第 8～12 页。

表 2－6　　欧盟竞争中性原则相关机制

总体原则	公平对待国有企业和私营企业、在企业所有权方面实现中立原则，要求公共部门和私营部门间责任相同，面临无歧视的平等竞争环境
主要目的	促进公共部门和私营部门在相同的平台上进行竞争，保护欧盟内部市场竞争力，并提高消费者福利水平
相关法律法规	《欧盟运行条约》、透明度指南、一般经济利益服务（SGEI）指南、政府援助、反不正当竞争及兼并条款、竞争和政府采购法等
主要条款	《欧盟运行条约》第 345 条关于条约不能损害成员国关于所有权方面的规定；第 106 条关于平等对待方面的规定；第 107 条关于政府援助控制方面的规定 政府采购条款中的规定 税收条款中的规定 透明度指令 竞争控制（反不正当竞争、兼并及政府援助控制）
控制措施	平等对待 透明度审查 政府援助控制
管理机制	赋予欧盟委员会可以处理公共部门的经济活动中出现的问题权力。欧盟委员会、欧盟法院负责认定、处理违反“竞争中性”的行为。欧盟委员会有权要求公司停止不正当竞争行为且可以通过指示性意见或决定要求成员国政府和企业停止相应行为

（五）2008 年全球金融危机后，美国开始在多个层面大力推进竞争中性原则

21 世纪以前，在美国签订的自由贸易协定中，并未专门列出国有企业相关条款，“竞争中性”的概念也未明确出现，但美国实际上已经对“竞争中性”有所实践。例如，美国以 1992 年投资协定范本为基础签订的 7 个双边投资协定含有国家企业非歧视条款，禁止国家企业在货物与服务销售时实施歧视。

2008 年全球金融危机后，美国开始在多个层面大力推进“竞争中性”。2011 年 5 月，时任美国副国务卿罗伯特·霍尔马茨发表了《竞

争中性：确保全球竞争的合理基础》，认为中国发展模式对美国竞争力和全球体系构成了挑战，呼吁更多国家参与制定“竞争中性框架”，以调整现有经济秩序；此后，进一步将竞争中性原则作为一项“面向21世纪、高标准”的新规则大力推进。在TPP、TTIP、中美BIT谈判中，美国均将竞争中性原则作为重要议程纳入。

美国现行生效的自贸协定均在竞争政策一章中加入针对国有企业和政府企业的条款，主要涉及非歧视、商业考虑、透明度规则等问题，实际上也体现了美国在“竞争中性”上的态度。

表2-7 美国竞争中性原则相关实施机制

总体原则	基于全球视角，将竞争中性原则由国内规则上升到国际规则，用以弥补现有国际经济规则无法保证国有企业和私营企业公平竞争的“缺陷”
主要目的	保护本国企业竞争力，将国有企业的规范纳入国际经济法律体系中，用双边和多边的国际法手段规制发展中国家
相关法律法规	无。多为政府官员言论及公司管理法案
主要条款	更多参考OECD关于国有企业治理准则并把其作为参考文本用于双多边贸易协定谈判 强调国有企业“透明性要求” 要求规范对象是国家支持的国有企业，不包括州（省）层面
控制措施	约束性原则 不正当竞争行为的惩罚、调查和实施
管理机制	建立常务性质的独立政府机构（委员会）处理争议

（六）发展动态

1. 国际贸易投资规则动态

（1）逐渐演变为美欧主导的区域贸易协定中的通用规则。近几年来美欧主导建立的区域贸易协定中，均加入了“竞争中性”条款。在2019年6月签订的《欧盟与越南自由贸易协定》（EVFTA）和《越南与欧盟投资保护协定》（EVIPA）中，越南在谈判中针对竞争条款作出一定妥协，印证了欧盟主导建立的区域贸易协定中加入“竞争中性”的趋势。在中欧投资协定谈判中，欧方希望通过制度设计让国有企业与私营企业及外资企业处于公平的竞争环境。2020 年 11 月签订的《区域全面经济伙伴关系协定》（RCEP）中，成员国均为亚太国家，也设立了专门的“竞争中性”条款，但相较于欧美主导的区域贸易协定竞争条款相对灵活，允许基于公共政策或利益的排除或豁免，还兼顾了发展水平的差异性提供过渡期。

（2）规制重点进一步聚焦国有企业问题且趋向严格。近两年来的国际贸易协定不断扩展国有企业的内涵和外延，同时对国有企业的规制政策也趋向严格。以国有企业定义为例，WTO 贸易协定中没有关于国营贸易企业的定义；TPP 和 CPTPP 中明确定义国有企业，并且量化股权、投票权和决策权来明确定义，以清晰明确规制国有企业的适用范围，避免因定义模糊等导致可能的规避。

（3）短期内纳入多边贸易体制可能性较小，但长期来看难以避免。虽然各大经济体均努力推动 WTO 改革，但由于各成员国现实情况不同，加上一些国有企业占比较大的国家态度不一，短期内在 WTO 规则中纳入“竞争中性”可能性不大。但从长期来看，现有的 WTO 规则已经难以约束一些国际投资和贸易的新行为，目前处于国际话语权强势地位的一些国家积极在多边贸易协定中推进增加国有企业规则。此外，OECD 等国际合作组织的跟进研究和积极推广，也反映了欧美等经济体在这一问题上的立场。

2. 世界主要发达国家动态

美欧日联合声明大致反映了相关经济体的主要动态。自 2017 年以来，美欧日已多次就相关议题讨论并发表公开声明。三方关注国有企业及公共机构的界定、市场导向的商业考量、透明度及会计准则问题。七次联合声明具体议题及行动如表 2－8 所示。

表 2-8 美欧日七次联合声明内容

时间	主要议题	可能行动
2017 年 12 月 12 日	政府财政资助及支持产能扩张加剧产能过剩，扭曲市场的大额补贴和国有企业导致不公平竞争	增强在 WTO 和其他论坛机构的三方合作
2018 年 3 月 10 日	确认非市场导向的政策和做法导致严重产能过剩、给工人和企业创造了不公平的竞争条件、阻碍创新技术开发应用、破坏国际贸易正常运转等问题	产业补贴：为发展更严格的产业补贴规则确定依据 WTO 改革：处理 WTO 谈判，执行现有规则；在 WTO 常设机构中协作以提高 WTO 监管作用的有效性和效率 信息共享与信息交换：与政府部门沟通进行信息交换以及考虑未来可能的协调手段，加强对于贸易扭曲行为的信息共享
2018 年 5 月 31 日	确认解决第三国扭曲贸易的政策；统一推动有关未来 WTO 谈判的讨论等	非市场导向的政策和做法：探讨非市场导向的政策、做法在企业和行业中的各种要素或迹象，明确“市场导向条件”的相关标准 产业补贴和国有企业：提升透明度，统一为 WTO 成员完全遵守其通知义务建立直接或间接激励机制；需要更有效的补贴规则；制定新规则，提供有针对性的补救措施；解决与产能过剩有关的补贴问题；设法加强 WTO 规则规定；更好处理公共机构和国有企业扭曲市场行为，确定“公共机构”定性标准
2018 年 9 月 25 日	确认解决第三国扭曲贸易的政策、产业补贴和国有企业、第三国强制技术转让政策、推动 WTO 改革、推动数字贸易和电子商务发展的共同目标	非市场导向的政策和做法：进一步探讨非市场导向的政策、做法在企业和行业中的各种要素或迹象；加强对第三国非市场导向政策和做法的信息共享，与其他贸易伙伴共同确定维持市场主导条件的手段；深化关于执法和规则制定的讨论 产业补贴和国有企业：继续探讨提升透明度的做法和未进行补贴通报的成本；加强获得补贴相关信息的能力；日后就有效的补贴规则进行谈判

续表

时间	主要议题	可能行动
		WTO 改革：共同提出有关透明度和通知的提案。呼吁声称具有发展中国家地位的发达的 WTO 成员在 WTO 正在进行和未来的谈判中作出完全承诺。将 WTO 有关透明度和监督职能的改革作为第一步，随后三方共同向 WTO 货物贸易理事会提出关于提高 WTO 透明度的改革建议
2019 年 1 月 9 日	重点讨论非市场化政策、产业补贴、强制技术转让、WTO 改革和数字贸易问题 同意加强在纽约和巴黎发布的部长级声明中所涵盖的所有领域合作，包括非市场政策和做法、市场导向条件、产业补贴和国有企业、WTO 改革等	非市场导向的政策和做法：强化各方信息交换；识别其他市场导向条件特征；维持 WTO 纪律有效性 产业补贴和国有企业：推进相关三方协议文本工作；加强与 WTO 成员联系，密切三方合作 WTO 改革：同意加强与其他贸易伙伴的接触，以推进有关透明度和通知改革的联合提案；三方重申了呼吁声称具有发展中国家地位的发达的 WTO 成员在 WTO 正在进行和未来的谈判中作出完全承诺
2019 年 5 月 23 日	加强在非市场导向的政策和做法、市场导向条件、产业补贴、国有企业、WTO 改革以及数字贸易和电子商务等议题的合作	非市场导向的政策和做法：重申采取有效措施解决非市场导向问题，并深化关于执法和规则制定的讨论 产业补贴和国有企业：完成三方协议文本工作；加强与 WTO 主要成员联系；密切“公共机构”补贴规则合作以解决市场扭曲问题 WTO 改革：承诺继续共同努力，包括通过正在进行的 WTO 谈判，维持现有 WTO 纪律有效性；加强与其他贸易伙伴接触以增强 WTO 成员对现有 WTO 通知义务的遵守；再次呼吁声称具有发展中国家地位的发达的 WTO 成员在 WTO 正在进行和未来的谈判中作出完全承诺，并称赞一些 WTO 成员方已经表明意图这样做

续表

时间	主要议题	可能行动
2020 年 1 月 14 日	认为第三国非市场导向政策导致了国际贸易的不公平竞争，带来严重的产能过剩，还阻碍了创新技术的开发应用，有碍国际贸易体系正常运转 讨论关于产业补贴的相关问题，就加强 WTO 现行产业补贴规则、强制技术转让等议题进行交流并达成一致	推动 WTO 改革：三方主要在提高 WTO 透明度以及改革发展中成员的“特殊与差别待遇”问题上存在共同立场。欧日在 WTO 改革问题上存在诸多分歧，最为突出的即争端解决机制上诉机构改革问题。关注 WTO 对政府补贴实施更严格的限制，在 WTO 范围内更广泛地禁止各种形式的政府支持，并要求各国政府采取更多行动证明对企业的协助不会扭曲贸易行为 重点关注产业补贴等非市场导向政策

可以看出，美、欧、日三方声明的发展趋势如下：一是细致化。在共同利益目标的引导下，三方谈判的议题逐渐明确、扩展、深入。二是标准化。三方正在努力推动形成新的标准与规则。三是扩大化。不仅注重达成有关问题的三方共识，还注重与 WTO 重要成员密切联系，以推动议题在 WTO 机构内形成普遍共识。

3. 发展中国家的态度

发达国家大多国有经济占比低、竞争较充分，因此积极推动“竞争中性”上升为国际贸易投资规则刚性条款。国有经济占比较高的发展中国家在国企改革和完善公平竞争环境等方面则面临压力，实践“竞争中性”时较为谨慎。相对于西方发达国家的主动推动，这些发展中国家更多地表现为被动接受或逐渐推进。而且在发展中国家当中，由于国有经济占比和作用仍然存在差异，实践时仍不尽相同。如印度、墨西哥等在开展涉及“竞争中性”国内改革的基础上，开始接受在国际贸易协定中推进竞争中性原则；马来西亚、越南等国在融入国际规则和区域协定的同时，通过利用例外条款等方式谨慎推进“竞争中性”条款。

不少发展中国家过去是在外部推动下相对被动地建立了国内竞争法，而从建立竞争法到真正实践“竞争中性”，发展中国家还有一定差距且差异明显。目前，大部分发展中国家国内竞争法包括了对市场公平环境的相关规定，但并没有明确在国内法律中建立“竞争中性”框架。总体上看，发展中国家对“竞争中性”的态度相对谨慎，而且由于各国经济发展程度和国有经济占比结构的差异，发展中国家的态度还有差异。

整体而言，在对“竞争中性”形成“理论上是个好东西”共识基础的同时，各国在实践时却有一定差异。这既因为“竞争中性”在国内国际层面的诞生背景、规制对象、应用范畴各有不同，也有理念、制度、规则差异的原因，最主要的还是因为国有经济占比、国有企业作用、经济发展阶段、经济全球化程度和“竞争中性”相关改革进展等国情差异的影响。

七、挑战与机遇

竞争中性原则可能演化为所有制歧视，给中国国有企业“走出去”造成障碍，但对于中国深化国有企业改革、对标国际规则促进制度型开放具有积极意义。

（一）面临挑战

一是警惕竞争中性原则内涵的扩大化。竞争中性原则追求的是市场主体权利配置上的公平，这意味着竞争中性原则应始终坚持“公平”标准，不应设定双重标准以区别对待，更不能任意扩大该原则的适用范围，避免竞争中性原则扩大化、模糊化。

二是警惕“竞争中性”可能演化为所有制歧视。“竞争中性”由一国的国内政策，转化为国际通用原则，但“竞争中性”并不限制国有企业参与商业活动，也并不为民营企业争取特殊待遇。因此，要防止所有制歧视——既要避免对民营企业的歧视，又要防止国际上对国有企业的歧视，真正做到一视同仁。

三是融入区域自贸协议的难度加剧。国有企业和竞争中性原则是未来 FTA（自由贸易协定）谈判中难以回避的问题。目前中国国有企业尚未完全达到竞争中性原则要求的标准，在与其他国家签订 FTA 或 BIT（双边投资协定）时，国有企业议题或将成为制约性难题。融入多边区域性自由贸易市场的现实需求，决定了中国应当借鉴竞争中性原则，但也要规避落入国际贸易保护主义陷阱等潜在风险。

四是避免为国有企业“走出去”制造障碍。长期以来，中国国有企业在国际市场中发展壮大，是中国海外投资领域中的重要力量。随着“竞争中性”由一国内部法律规则，向全球贸易投资领域的重要国际规则发展，并逐渐被纳入国际贸易投资协定，OECD、UNCTAD、WTO 和世界银行等国际组织都采纳或应用了包含着“竞争中性”的相关规定。这一原则将会对中国国有企业进入国际市场，尤其是 CPTPP 等包含竞争中性原则的成员国市场，产生重大影响。

（二）蕴含机遇

一是促进形成公平竞争的市场环境。“竞争中性”包含了“所有制中性”的含义，即国有企业和其他所有制企业一样，“依法平等使用生产要素、公平参与市场竞争、同等受到法律保护”，反对因企业所有制不同而设置不同规则。“竞争中性”的本意是为不同类型企业创造公平竞争的市场环境，更大程度地激发市场主体活力。中国借鉴“竞争中性”营造公平竞争环境，使中国国有企业在国内就开始适应国际规则中国有企业条款的相关要求，这样有助于“走出去”面对国际规则时，从容应对，游刃有余。

二是完善国内竞争政策和法规体系。与发达国家相比，中国国内竞争立法起步较晚，还处于完善阶段。例如，中国1993年制定《中华人民共和国反不正当竞争法》，2008年《中华人民共和国反垄断法》颁布实施。从内容上看，相关法律条款在贯彻市场主体平等精神方面还有完善空间，在实际执行中还存在落实等问题。在市场主体层面，公平竞争意识相对还比较淡薄，运用相关规则还不熟练。因此，有必要加快国内竞争法立法步伐，完善国有企业监管政策，以适应时代发展的需求。重点是构建符合公平竞争要求的国内竞争法律法规体系，营造公平公正的市场环境，首要任务是确定中国竞争中性规则的适用主体范围以及例外。

三是规范政府在市场中的行为。“竞争中性”旨在规范、约束政府行为，使其更多地考虑公共利益。竞争中性原则与“市场在资源配置中起决定性作用，同时更好发挥政府作用”的精神是一致的。竞争中性原则实质上是规范政府在市场中的行为，主要是防止政府向某类企业提供一些不利于市场公平竞争的竞争优势。

四是加快推进国有企业改革进程。实际上，竞争中性原则不仅是对处于竞争劣势的私营企业的一种保护，也是促进国有企业改革、提升国有企业活力的一剂良方①。竞争中性原则其实与中国深化国有企业改革的方向具有一致性。竞争中性原则对加快国有企业改革有一定

① 唐宜红、姚曦：“竞争中立：国际市场新规则”，《国际贸易》2013年第3期，第54～59页。

的推动作用和积极意义。竞争中性原则主张将国有企业商业化运营进行分类改革，规定一国为不同所有制性质的企业提供同等的竞争环境，非歧视性对待各类企业，提高企业透明度等。这些细则对促进中国国有企业改革发展具有借鉴意义。

五是对标国际规则促进制度型开放。“竞争中性”由外而内，对中国的国有企业改革有“倒逼”之势。如同加入WTO对中国改革发展的巨大推动，“竞争中性”的外在压力，可转化为迎接国际挑战、破解国有企业改革难题、提升国民经济整体效率的内在动力。以开放促改革是中国的成功经验之一。借鉴竞争中性原则，有助于中国进一步高标准融入变革中的世界经济体制。同时，中国明确竞争中性原则，是一个改革方向性的承诺，真正达到“竞争中性”还有一个较为长期的过程。

八、借鉴启示

竞争中性原则为各国提供了运用系统性监管思路调适竞争政策的实验版本。而竞争中性原则完善和实施的阶段性特征——沿着“国内制度—国际软法—国际规则”的路径逐渐演化[①]——这种演进路径也提示我们可以辩证、循序渐进地借鉴“竞争中性”。为此，中国在借鉴时需要全面评估本国竞争环境，有选择地引入竞争中性规则，摒弃将“竞争中性”简单化处理的短视路径。

（一）引入竞争中性原则要促进社会整体利益的普遍提升

竞争中性原则及其维护的公平竞争市场秩序，关系企业的可持续

---

① 黄速建、肖红军、王欣：“竞争中性视域下的国有企业改革”，《中国工业经济》2019年第6期，第22~40页。

健康发展，影响政府深层次变革和经济结构性调整。借鉴“竞争中性”并以其合理内容作为实施竞争政策的关键性举措，将促进国有企业改革、规范政府行为和增进社会整体效益，形成多方共赢。相关工作可以归纳为实现三个方面的基本目标：建立内外均衡、相互制衡的公司治理结构的最终目标，营造公平竞争市场环境的核心目标，促进社会整体效益最大化的根本目标。

为此，引入竞争中性原则要促进社会整体福利的普遍提升。竞争中性原则要求政策导向从差异化、选择性转向普惠化、竞争性，以公平竞争提高整体经济效率、提升社会整体福利。这提示我们引入竞争中性原则，要拆除保护局部利益的壁垒，更好地落实“两个毫不动摇”和“三公一平一同”，整体提升经济效率和社会效益。

（二）竞争中性原则的完善和实施呈现阶段性特征

“竞争中性”概念自20世纪90年代提出以来，经过澳大利亚的制度建构与实践探索、OECD的拓展研究与倡导应用、美欧战略性的规则延展与国际推广，呈现出从特定国家国内扩展到国际的明显趋势①，沿着“国内制度—国际软法—国际规则”的路径逐渐演化②。一是“澳版”竞争中性，针对本国国内市场的国有企业、强调实质公平，秉持创造公平竞争环境理念，使国有企业与私营企业公平竞争。二是“OECD版”竞争中性，规范所有经营实体、强调形式公平，围绕“竞争中性”探索全球推广的核心原则，来规范世界各国政府参与市

---

① Sauvant, K. P., P. Economou, K. Gal, S. Lim, and W. P. Wilinski. Trends in FDI, Home Country Measuresand Competitive Neutrality. Bjorklund, A. K., ed. Yearbook on International Investment Law & Policy2012 - 2013. New York: Oxford University Press, 2014.

② 黄速建、肖红军、王欣：“竞争中性视域下的国有企业改革”，《中国工业经济》2019年第6期，第22~40页。

场的竞争行为。三是“美版”竞争中性，针对政府直接相关的商业活动、强调自由公平，严格禁止政府干预市场，转向“竞争限制”。

（三）实施竞争中性原则要构建从倡导、执行到评估的完整流程

从国际经验来看，实施竞争中性原则高度依赖倡导、执行和评估这一完整流程——按照“竞争中性”的要求，通过竞争倡导、评估等促进相关法律法规的“立改废释”，建立执行机制和竞争执法消除“非竞争中性”制度障碍的影响。一是设置权威性强、相对独立的指导和监督机构，保障和监督“竞争中性”政策的贯彻实施。二是完善执行机制，以贯彻竞争中性原则。包括建立和完善相关的信息披露机制、纠纷解决机制、适用例外机制、风险防控机制和工作协调机制等；同时，探索更加多样化的执法手段，对有损竞争且通过倡导性方法无法消除的“竞争中性”障碍，采取执法和司法的方式予以解决。三是重视评估工作，以了解竞争中性原则落实情况，提升竞争中性原则的实践效果，并分析相关的国有企业改革政策、产业政策、竞争政策、公平竞争审查等制度安排对公平竞争的影响。

（四）推进竞争中性原则落地要有操作性强的政策工具

中国包括竞争法体系、公平竞争审查制度、负面清单制度和“竞争中性”政策试点等在内的政策工具箱日益丰富，使得竞争中性原则的执法工具多样化，这是推进竞争中性原则落地的重要基础。

一是设计可拓展的竞争法体系。中国以《中华人民共和国反垄断法》《中华人民共和国反不正当竞争法》为核心的竞争法体系已基本形成，尤其针对中国现阶段经济和市场发展的特点，最近对《中华人民共和国反不正当竞争法》还进行了最新修订，初步建立了一个公正

平等的竞争环境。中国可以系统观念和拓展视角开展“竞争中性”的顶层设计，以便将政策逐步拓展适用范围，推广应用。

二是在公平竞争审查制度基础之上编制指导审查“竞争中性”的指引。2016 年 7 月 1 日，中国开始实行公平竞争审查制度。按照制度要求，政府部门在制定相关政策措施时，尤其是对相关政策，比如市场进入、产业发展、招商引资、招标投标、政府采购、经营行为规范等，要进行排除、限制市场竞争的公平竞争审查。针对现实中复杂的竞争问题，中国执法机构可在实践基础上制定具有指导性的执法指南，对公平竞争审查具有基础性作用。

三是推动“竞争中性”同负面清单制度深度融合。在双多边自贸协定中，负面清单往往与“竞争中性”结合起来成为一项政策工具。这提示中国在自贸试验区引入竞争中性规则并与负面清单制度相结合的基础上，可逐步推广其经验做法，推动竞争中性规则协同负面清单制度的同步实施和全面落地。

四是以竞争为基准、以规范政府行为为核心、以改善政企关系为重点，借鉴竞争中性原则推进国有企业改革。

五是“竞争中性”政策试点。自贸区“先行先试”的制度探索，为探索建立合理的“竞争中性”制度提供了空间。如《中国（上海）自由贸易试验区条例》第 12 条规定，暂停、取消或者放宽投资者资质要求、外资股比限制、经营范围限制等准入特别管理措施，实际上就减少了企业参与市场竞争的障碍。

（五）借鉴竞争中性原则主动探索推出“中国版”竞争中性规则体系

“竞争中性”的扩张及实践，实际上也体现了国际竞争新形势下各国制度竞争的强化与博弈。这提示我们要借鉴“竞争中性”完善公平竞争制度体系甚至推出中国版本的竞争中性规则体系，以提升制度竞争力。重点是完善相关法律制度：一方面，可将竞争中性原则纳入公平竞争审查制度和合法性审核机制，要求各地区各部门制定的、与市场主体生产经营活动密切相关的行政法规、规章、行政规范性文件适应“竞争中性”要求；另一方面，依据“竞争中性”的普遍要求，基于防止交叉补贴、提高透明度以及合理豁免等规则，与公平竞争制度相互协调，促进外商投资法、税法、银行法等法律法规对“竞争中性”政策的支撑与配合。在做好上述工作的同时，组织研究队伍开展概念创新和理论突破，在双多边贸易投资谈判等场合主动参与再造竞争中性规则和制定相关国际规则，寻求在国际规则中嵌入中国立场的表述，在完善全球治理体系中缩小分歧、增加互信。

一是考虑竞争中性原则设计的普适性和例外条款。允许不同国家根据本国国情设置例外条款和保留条款，尊重各国经济制度的差异性和公共政策的多元化。二是竞争中性原则与其他政策协同发力。如政治、文化、科技等方面的政策相互协调配合，实现更公平的市场竞争格局。三是竞争中性原则与相关国际经贸规则相衔接。在竞争中性原则的体系衔接上，要注意与 WTO、OECD、RCEP 等国际组织或区域贸易协定规则的兼容性。

第三章

“竞争中性”及其应对

从聚焦于国有企业改革的国内法，到转向规范政府及国有企业行为的双多边贸易投资新规则，竞争中性原则的演进及其实践背后的本质是国际竞争新情势下各国制度竞争的强化与博弈。引入竞争中性原则已成为国际经贸规则和各国竞争政策当中最值得关注的新动向之一。“竞争中性”在全球范围内的阶段性演进和多元化实践，提示中国可予以辩证借鉴，以完善我们的公平竞争制度体系甚或打造“中国版”竞争中性原则。

一、关于竞争中性原则的不同看法

“竞争中性”对于中国而言是一个舶来品。中国既有积极支持将“竞争中性”引入，从而助力中国全面深化改革尤其是经济改革进程的观点；又有视“竞争中性”为部分发达国家打压中国国有企业竞争优势的工具的观点。总体而言，我们认为，可将“竞争中性”作为深化中国经济体制改革的一条重要原则思路，积极吸纳其合理成分，使之与中国改革基本逻辑相洽。

（一）支持引入竞争中性原则的考量

支持引入竞争中性原则的观点，主要有如下几个方面的考量。

一是“竞争中性”同中国基本经济制度不冲突。《中华人民共和国宪法》规定中国基本经济制度是“坚持公有制为主体、多种所有制经济共同发展”。“竞争中性”要求为不同所有制企业提供公平竞争的政策环境，但并不要求“国有企业私有化”。而中国实践证明，并非所有的国有企业都是不依靠政府资源或政策优惠便不能发展。

二是认为“竞争中性”可以终结“国进民退”“国退民进”的争议①。“竞争中性”包含公平对待不同所有制的企业，将问题聚焦在为国有企业和其他所有制企业提供在生产要素获取、参与市场竞争、法律保护等方面的同等地位与条件，而不是简单地讨论国有经济或民营经济的比例关系。

三是“竞争中性”符合新一轮国有企业改革的方向②。中国国有企业确实不同程度地存在政企关系和现代企业制度有待进一步完善等问题③。“竞争中性”有利于推动解决这些问题。可以说，中国国有企业改革方向是向“竞争中性”趋近与收敛的④，两者方向是一致的。

四是有助于推动中国国有企业更好地参与国际竞争。当前如应对“竞争中性”不慎，就极有可能对中国国有企业参与全球竞争形成障碍。借鉴或引入“竞争中性”，有利于为中国国有企业“走出去”创

---

① 吴振宇：“竞争中性原则对深化国企改革的启示”，《山东国资》2020 年第 3 期，第 21 ~ 24 页。

② 胡左浩：“借助‘竞争中性原则’深化国企改革”，《经济参考报》2019 年 4 月 1 日第 7 版；黄永忠：“以竞争中性原则推动制度型开放”，《中国社会科学报》2019 年 7 月 17 日第 4 版。

③ 银温泉：“竞争中性视角下的国企改革”，《宏观经济管理》2019 年第 10 期，第 8 ~ 12 页。

④ 黄速建、肖红军、王欣：“竞争中性视域下的国有企业改革”，《中国工业经济》2019 年第 6 期，第 22 ~ 40 页。

造相对良好的国际环境。

五是“竞争中性”同完善中国特色社会主义市场经济体制方向一致。中国社会主义市场经济建设方向是充分发挥市场在资源配置中的决定性作用和更好发挥政府的作用。“竞争中性”实际上是有利于这“两只手”协调配合的。不仅如此，“竞争中性”也并不限制政府在必要时干预经济，只是限制政府的歧视性干预措施[①]，从而对不同所有制性质的市场主体造成竞争优势或劣势。也就是说，“竞争中性”并不妨碍“有为政府”作用的发挥。

六是“竞争中性”有利于明晰政府和市场的边界。国有企业是政府与市场的“界面”。“竞争中性”主要是为了应对政府直接干预市场（特别是利用国有企业）所导致的失灵失衡等问题。“竞争中性”要求政府实施中性的税收政策、监管政策、信贷政策，有利于推动政企分开、政资分开。

七是“竞争中性”有利于对接国际最新经贸规则。当前，竞争中性原则已经成为双边、多边、区域经贸和投资规则的重要内容，不仅为多数发达国家所采纳，也为不少发展中国家所采纳。中国对此需要积极应对。

八是“竞争中性”有助于提升国有企业资源配置效率[②]。“竞争中性”要求国有企业同样参与市场竞争，与非国有企业同样按照市场逻辑开展生产运营，开展考核评价，有利于提升国有企业资源配置效率。

九是“竞争中性”有利于形成“国民共进”的经济格局。“竞争

① 刘戒骄：“竞争中性的理论脉络与实践逻辑”，《中国工业经济》2019 年第 6 期，第 5 ~ 21 页。

② 王丹：“以竞争中性制度促进形成强大国内市场”，《宏观经济管理》2020 年第 6 期，第 39 ~ 44 页。

中性”要求包括市场准入在内的政策公平性，有助于减少非国有企业市场准入限制，拓宽非国有企业市场空间，从而有助于形成“国民共进、协调发展”的经济格局和构建“公平竞争、共同发展”的经济关系。

（二）反对引入竞争中性原则的考量

反对引入竞争中性原则的观点，主要有如下几方面的考量。

一是竞争中性原则本身存在“制度非中性”问题。“竞争中性”针对的是所谓国有企业因为受到政府照顾而获得的“竞争优势”，隐含着国有企业参与商业活动的竞争不公平，带有针对国有企业的歧视性①或竞争限制。

二是“竞争中性”夸大了所有制对国有企业的作用。能否公平竞争，同市场主体的所有制性质并非存在必然的、直接的联系。“竞争中性”夸大了这种联系②。

三是“竞争中性”可能导致中国跌入贸易保护主义陷阱。“竞争中性”已经成为一些国家推行针对中国国有企业非贸易壁垒的重要工具，可能导致中国陷入国际贸易保护主义陷阱。

四是“竞争中性”有较为明显的国际不对等性。由于对国有企业的态度不同，各国国有经济的占比和发展程度差异很大。“竞争中性”问题在一些国家不存在或很少存在，而在一些国家要达到“竞争中性”所要求的标准，则改革任务相对繁重。如果推行，国际上将存在

---

① 沈铭辉：“‘竞争中立’视角下的TPP国有企业条款分析”，《国际经济合作》2015年第7期，第19～24页。

② 赵晓斐、黄宁、王伟斌：“竞争中性、国企治理与经济高质量发展”，《福建金融》2020年第5期，第3～9页。

较为明显的不对等问题。

五是认为“竞争中性”在现实中是不存在的。无论是在简单商品流通过程，还是在资本流通过程，市场主体都不可能是无差别的。在现实中不存在完全的“竞争中性”。

六是认为“竞争中性”所要求的取消全民所有制是无法接受的。“取消国有企业的全民所有制性质是‘竞争中性’的应有之义，致力于取消基于所有制的‘竞争中性’也是要取消所有制类别的划分，是不可接受的。”①

（三）客观看待“竞争中性”

中国对引入“竞争中性”的态度应是积极借鉴、审慎应用。在理论层面，中国学术界对“竞争中性”多持认同或接受态度。在政策层面，对“竞争中性”的态度则有一个从谨慎对待转向探索性引入，再到选择性吸收的演进过程，目前进入制度性反思阶段，主要是在积极借鉴的基础上趋利避害，探索和完善适应中国国情的公平竞争制度。

中国之所以应积极借鉴竞争中性原则，主要是因为其提供了处理政府与市场关系的新突破口，试图在政府与市场之间寻找某种协调。这与中国“使市场在资源配置中起决定性作用和更好发挥政府作用”的改革方向契合。因此，中国多数学者和不少业界工作者对引入竞争中性原则持积极态度。

中国之所以应在实践中对“竞争中性”采取审慎态度，在于国资国企第一大国和最大发展中国家的基本国情，以及希望国企在“短跑道起飞”关键阶段发挥作用等因素影响，导致对“竞争中性”还存在

---

① 何干强：“关乎坚持维护宪法尊严的一个重大经济理论问题——‘竞争中性’辨析”，《高校马克思主义理论研究》2020 年第 6 卷第 1 期，第 39 ~47 页。

一定担忧和疑虑。消除这些担忧和疑虑，关键在于适应性地借鉴竞争中性原则，同时积极参与相关国际规则的完善和制定。

我们要积极引入竞争中性原则推进国内改革。一方面，“竞争中性”已经在中国经济体制改革中得到了体现或贯彻。改革开放以来，围绕解决竞争不足等问题，中国政府通过多种方式，有效促进了不同所有制企业的公平竞争①。可以说，“竞争中性”所要求的政府对不同所有制企业一视同仁、不偏不倚等原则，贯穿中国经济体制改革全过程②。党的十八大以来，党中央、国务院多次在不同场合阐释围绕公平竞争等推进相关改革，2019 年国务院政府工作报告首次正式引入竞争中性概念，提出“在要素获取、准入许可、经营运行、政府采购、招投标等方面对不同所有制企业公平对待”，彰显了中国对“竞争中

① 刘戒骄：“竞争中性的理论脉络与实践逻辑”，《中国工业经济》2019 年第 6 期，第 5 ~ 21 页。

② 比如，20 世纪 90 年代，党的十五大就将“公有制为主体、多种所有制经济共同发展”确立为基本经济制度；党的十五届四中全会通过的《关于国有企业改革和发展若干重大问题的决定》明确“促进各种所有制经济公平竞争，共同发展”；2005 年，国务院《关于鼓励支持和引导个体私营等非公有制经济发展的若干意见》（即非公 36 条），明确提出“放宽非公有制经济准入”“贯彻平等准入、公平待遇原则”“在投资核准、融资服务、财税政策、土地使用、对外贸易和经济技术合作等方面，对非公有制企业与其他所有制企业一视同仁，实行同等待遇”。允许非公有资本进入电力、电信、铁路、民航、石油等垄断行业和领域；允许非公有资本进入供水、供气、供暖、公共交通、污水垃圾处理等公用事业和基础设施领域；允许非公有资本进入教育、科研、卫生、文化、体育等社会事业领域；允许非公有资本进入国防科技工业等领域。2010 年，国务院《关于鼓励和引导民间投资健康发展的若干意见》（即新非公 36 条），要求“推动各种所有制经济平等竞争、共同发展”“建立公平竞争的市场环境”，明确进一步拓宽民间投资的领域和范围，鼓励和引导民间资本进入基础产业和基础设施领域、市政公用事业和政策性住房建设领域、社会事业领域、商贸流通领域以及国防科技工业领域。党的十九大报告将竞争公平有序、全面实施市场准入负面清单制度、清理废除妨碍统一市场和公平竞争的各种规定和做法确定为完善社会主义市场经济体制的重要内容。习近平（2018）多次强调保障社会公平正义，形成公平竞争的发展环境，实现各类企业依法平等使用生产要素、公平参与市场竞争、同等受到法律保护。国务院印发《“十三五”市场监管规划》（2017）提出实行竞争中性制度，保证各类市场主体依法平等使用生产要素、公平参与市场竞争。国务院办公厅印发《关于聚焦企业关切进一步推进优化营商环境政策落实的通知》（2018）强调破除各种不合理门槛和限制，减少社会资本市场准入限制，清理取消市场准入负面清单以外领域的准入限制，实现市场准入内外资标准一致，使外资企业享有公平待遇。2019 年国务院政府工作报告直接使用“竞争中性”概念，提出按照竞争中性原则，在要素获取、准入许可、经营运行、政府采购和招投标等方面，对各类所有制企业平等对待。

性”的积极而又务实的态度。

另一方面，引入竞争中性原则是中国应对国际制度竞争和国际经贸新规则发展趋势的现实考虑。当前，“竞争中性”已经成为多项双边、多边和区域经贸投资协议的重要原则。中美经贸冲突中，所谓“国有企业不公平竞争”也是重要议题之一。中国不仅可以将“竞争中性”作为倒逼内部改革的重要工具，而且可以用于适应外部环境调整变化。除此之外，引入竞争中性原则要避免可能的“制度非中性”。引入竞争中性原则的基本目标是创造公平竞争的市场环境，推动各种所有制类型企业公平竞争、共同发展，规避因政府“偏爱”而为某一类企业带来竞争优势。但是，推行竞争中性原则也需要避免对国有企业的歧视。对那些并非因政府补贴、税收优惠、信贷优惠、监管非中性等所带来的竞争优势，不应人为压制或歧视；坚持将公平竞争作为推进国有企业改革、提升国有企业效率的重要工具。

在积极借鉴、引入的同时，我们也反对“竞争中性”对于国有企业的“竞争限制”或“制度非中性”。在国内，我们反对将“竞争中性”视作“国退民进”说词的观点，而视之为坚持“两个毫不动摇”的重要政策工具。在国际上，我们也要旗帜鲜明地反对利用“竞争中性”对国有企业竞争力来源的诋毁、对国有企业的歧视①，抵制、纠正那些戴着“有色眼镜”看待国有企业竞争力来源的主张。

总之，随着对“竞争中性”研究的不断深入，中国已越来越深刻认识到建立公平竞争市场既是内在要求，也是开放需要。中国将继续立足对接合理国际规则，基于国内改革开放要求，探索建立适用中国特色社会主义市场经济的公平竞争制度体系，甚或结合中国特色社会主义市场经济体制探索“竞争中性本土化”。

---

① 余菁：“竞争中性原则的政策应用”，《求是学刊》2020年第47卷第2期，第85～94页。

二、借鉴竞争中性原则保障市场公平竞争

长期以来，推行竞争政策还是推行产业政策，或者竞争政策优先还是产业政策优先，都是一国或地区发展经济的两种重要的不同思路选择。同有所侧重的产业政策不同，竞争政策追求建立公平竞争的市场环境，构建所有市场主体充分竞争的市场结构。借鉴竞争中性原则，中国可以从以下几个方面深入推进公平竞争、保障市场秩序。

（一）借鉴竞争中性原则减少破坏市场公平竞争的不当行政干预

竞争政策聚焦于推动市场主体公平竞争。然而，从传统意义上而言，竞争政策重点聚焦于规制市场垄断行为。“竞争中性”则聚焦于规范政府介入对市场竞争造成的扭曲。从“竞争中性”视角来看，不仅市场结构本身可能影响公平竞争，政府部门对于不同所有制企业的不公平待遇也可能导致不公平竞争。这也是竞争政策需要解决的所谓“第二类问题”。

（二）加强全国统一大市场建设，推动不同地区企业跨域公平竞争

一是加快清理和废止地方妨碍或有违公平竞争的规章制度。对于妨碍全国市场建设、对外地市场主体歧视、存在所有制歧视或规模化导向的地方各类规定，要抓紧清理和废止，规避地方为特定企业、本地或特定区域企业量身定制、限制性竞争的做法。

二是提升公共项目招投标的公平性。国家或地方层面的公共项目招投标，可能涉及不同所有制企业、不同注册地企业，不应有差异化

的技术、资质要求，或者强制要求设立本地分子公司等排他性的门槛规定。

三是推进一视同仁的市场监管。不仅要坚决整治在市场检查过程中对于不同所有制类型企业执法力度不同的问题，还要坚决整治在认证、许可管理等方面对不同所有制类型企业标准要求不同的问题，坚决杜绝市场监督领域的“所有制歧视”。

四是全方位精简各类市场主体行政审批手续。完善证明事项清单制度，削减不同所有制市场主体在办理审批过程中的行政审批前置要件。对不同所有制企业、不同地域市场主体在获取许可、资质等方面，进行全方位审批手续精简。

五是优化社会保障等制度，促进劳动力流动。围绕更好地推进人力资源的跨区域流动问题，以社会保险制度的统一化和简化为突破口，推进形成有效统筹的社会保险体系。

六是鼓励公用事业借鉴、实施竞争中性原则。不仅政府行为可能导致不同所有制企业获得竞争优势或劣势，公用事业也可能对不同所有制企业造成竞争优势或劣势。支持公用事业在建设、运营等环节，借鉴、实施竞争中性原则，以控制成本、保证质量、提升效率。

（三）建立借鉴竞争中性原则的保障机制

一是明确负责贯彻竞争中性原则的组织机构。如澳大利亚明确将“联邦竞争委员会”以及“生产力委员会”作为负责执行竞争中性政策实施的机构和监督机构①。中国可明确或设置专门执行和监督竞争中性原则实施落地的机构，为实施竞争中性原则提供组织基础。

---

① 银温泉：“竞争中性视角下的国企改革”，《宏观经济管理》2019 年第 10 期，第 8 ~ 12 页。

二是针对竞争中性原则落实和推进情况开展定期评估。澳大利亚在1995年所确定的竞争政策改革计划中，明确每年对竞争政策改革过程进行回顾和报告[①]。借鉴相关经验，中国可针对竞争中性原则落实和推进情况开展定期评估。包括：建立“竞争中性”评价指标体系，并由非利益相关方组成评估机构或第三方机构对省市县三级政府的“竞争中性”工作进行评估；建立“竞争中性”评估结果与干部考核相挂钩的激励约束机制；通过约谈、巡视、督察等常态化方式，规范地方政府行为。

此外，还可建立落实“竞争中性”的奖励制度，实施“竞争中性”的信息披露制度，建立与相关国际机构的合作机制等。

三、适应竞争中性原则要求，深入推进国有企业改革

竞争中性原则不仅是保障公平竞争的重要借鉴，也是深入推进国有企业改革的一条思路。OECD所推出的《OECD国有企业公司治理指引》（2005）、《竞争中性与国有企业：挑战和政策选择》（2011）、《竞争中性：确保国营企业和私营企业之间的公平竞争环境》（2012）、《OECD国有企业公司治理指引》（2015）等一系列文件，均探讨了如何通过“竞争中性”深化国有企业改革。可以说，借鉴、引入“竞争中性”，意味着国有企业改革视域和改革维度的增加[②]。

中国可以通过适应竞争中性原则要求推进国有企业改革，向世界明示我们的国有企业的体制机制改革已经发生重大变化，已经与传统

---

① 余菁：“竞争中性原则的政策应用”，《求是学刊》2020年第47卷第2期，第85~94页。

② 黄速建、肖红军、王欣：“竞争中性视域下的国有企业改革”，《中国工业经济》2019年第6期，第22~40页。

的“国营企业”概念甚至一般意义上的“国有企业”大有不同，如中国当前积极稳妥深化混合所有制改革，本身就是在促进创造公平竞争的市场环境。

（一）推进国有企业分类改革

“竞争中性”不仅不禁止国有企业以承担公共利益为目标的非商业活动，而且要求政府部门为相关非商业活动提供补偿[①]。从实践来看，实施“竞争中性”也并不要求将所有的企业均纳入规制范围[②]。因此，更好地借鉴竞争中性原则，首先要求完善对国有企业的分类改革。

一是进一步完善国有企业的功能分类，如明确商业一类和商业二类国有企业，以将公益类国有企业排除在规制之外；探索将商业性、公益类国有企业分类标准进行进一步细化和明晰化，将国有企业的商业活动和非商业活动分离，为国有企业分类改革提供依据。

二是在明确国有企业功能分类的基础上，梳理适用于“竞争中性”的国有企业范围。不同国家或国际组织关于“竞争中性”的适用范围不尽相同：澳大利亚“竞争中性”适用于政府商业活动而非政府的非商业活动；OECD“竞争中性”涵盖从事商业活动的国有企业，排除从事非营利性活动的国有企业；欧盟“竞争中性”适用所有类型企业，但将提供普通经济利益服务的行业排除；美国将所有国有企业、指定垄断适用“竞争中性”原则，排除公共服务义务企业。

---

① 刘湘丽：“竞争中性视角下国有企业三项制度改革的症结与对策”，《经济体制改革》2019年第5期，第12～19页。

② 和军、张依：“基于‘竞争中性’原则的国有企业分类改革”，《社会科学文摘》2020年第10期，第41～43页。

三是健全基于“竞争中性”的国有企业分类监管机制。对不同性质的国有企业建立不同的监管机制，对商业类国有企业尤其是处于完全竞争领域的商业类国有企业，遵照竞争中性原则要求，按照适用于非国有企业监管方式进行监管；对混合所有制企业探索差异化管控等，从而进一步将部分传统意义上的“国有企业”排除在规制之外；对公益性国有企业，可以探索一企一策监管；等等。

四是在国有企业完成功能分类的基础上，进一步推进以“管资本为主”完善国有资产管理体制、混合所有制改革、深化三项制度等相关改革。

（二）完善国有资产管理体制

按照“竞争中性”要求，推进以“管资本为主”完善国有资产管理体制。

一是按竞争中性原则，推进国家公共管理职能和国有资产出资人代表机构职能分离。避免国家公共管理部门因为又是国有企业的所有者而“偏爱”国有企业，规避国有企业所有者身份同相关公共管理职能身份的矛盾或冲突。

二是持续完善管资本为主的国有资产监管体制，促进国有资产出资人代表机构转变职能和管理方式，以股权为纽带、以公司治理为主渠道，参与和影响出资企业的重大事项决策。这既能更好体现竞争中性原则要求，也为混合所有制改革和探索混合所有制企业差异化管理等工作创造条件。

三是深化政企分开、政资分开，推进经营性国有资产集中统一监管。与国有资产监管机构不行使公共管理职能相协调，推动社会公共管理部门不行使国有资产出资人职责，促进经营性国有资产集中统一监管。

四是坚持和进一步完善国务院向全国人大常委会报告国有资产管理情况制度，准确反映国有资产价值及其变化。

五是进一步清除所有制歧视。如引导和支持金融机构按照竞争中性原则开展融资信贷等工作。

（三）推进国有企业混合所有制改革

相较于国有全资企业，混合所有制企业能够在一定程度上弱化政企之间的利害关系，对于推进“竞争中性”具有重要意义和价值①。从某种意义上而言，“竞争中性”贯穿国有企业混合所有制改革方案制定、混合所有制改革对象选择、混合方式、国有资产定价等全过程②。

一是“竞争中性”对国有企业的要求同混合所有制改革对混合所有制企业的要求类似。“竞争中性”要求国有企业经营形式的公司化，要求将国有企业的非商业目标从商业目标中分离出来。混合所有制改革除了要求不同所有制类型的资本混合之外，还要求国有企业在产权多元化的基础上，完善公司法人治理、转变经营机制、完善现代企业制度、获取合理商业回报等。这些都是“竞争中性”所要求的国有企业公司化的表现。

二是混合所有制企业股权多元化过程符合“竞争中性”对国有企业市场化运作的要求。国有企业在引入战略投资者、实施骨干员工持股等推进股权多元化的过程中，必须按照市场化原则评价国有资产。

---

① 和军、张依：“基于‘竞争中性’原则的国有企业分类改革”，《社会科学文摘》2020 年第 10 期，第 41 ~ 43 页。

② 程俊杰、黄速建：“基于竞争中性的混合所有制改革：逻辑框架与推进路径”，《江海学刊》2019 年第 5 期，第 78 ~ 85 页、254 页。

这同竞争中性原则要求国有企业追求合理回报率、按照市场化原则开展运营是一致的。

三是平等对待不同股权主体。“竞争中性”暗含不同所有制性质的公司法律地位平等。平等对待不同股权持有者，本身也是混合所有制改革的价值取向之一。

四是混合所有制企业按照市场化逻辑从事社会责任同“竞争中性”一致。混合所有制企业更多地从战略性企业社会责任视角来履行社会责任。这符合“竞争中性”所倡导的企业按照市场逻辑开展社会责任。

五是可以利用混合所有制改革推进传统国有企业加快转变经营机制。首先，适应“竞争中性”要求，优化国有企业和混合所有制企业的股权结构，平等对待不同股权主体，促进股权平等、股东平等，形成运转顺畅、有效制衡的公司治理机制；其次，适应“竞争中性”要求，推进国有企业对所从事的商业性和公益性活动进行区分，建立公开、透明、合理的国有企业履行公共服务职能和公益业务的成本补偿机制；最后，适应“竞争中性”商业考虑等相关要求，促进国有企业经营机制市场化。

（四）深入落实国有企业三项制度改革

20 世纪 90 年代，为了激励国有企业更好地走向市场化，国家提出国有企业的“人员能进能出、干部能上能下、工资能增能减”三项制度改革[①]。三项制度改革同竞争中性原则密不可分。

一是竞争中性原则要求政府减少对国有企业包括三项制度改革在

① 刘湘丽：“竞争中性视角下国有企业三项制度改革的症结与对策”，《经济体制改革》2019 年第 5 期，第 12 ~ 19 页。

内的相关直接干预。三项制度改革的目标是提升国有企业在劳动、人事和分配方面的市场化水平和自主程度，减少政府干预为国有企业劳动、人事和分配等方面配置资源所带来的市场扭曲，从而为国有企业带来相较于非国有企业的竞争优势或劣势。

二是竞争中性原则和三项制度改革思路类似。竞争中性原则要求规范政府对国有企业的干预行为，要求国有企业主要按照市场化逻辑和商业原则进行运作；而三项制度改革也是市场化取向，通过劳动、人事和分配的市场化调节，提高国有企业活力和竞争力。

三是竞争中性原则的公开透明机制同三项制度改革的要求不谋而合。“竞争中性”要求国有企业实现公开透明，并通过信息披露保证国有企业按照竞争中性原则运营。对于三项制度改革而言，公开透明的运行机制也至关重要，以便在劳动、人事和分配方面接受社会监督，符合市场化标准要求。

四是三项制度改革可视为竞争中性原则的重要落实。如在劳动制度方面，“竞争中性”要求规范政府对于国有企业减员方面的财政补贴，要求国有企业按照市场经济一般原则开展减员工作；在人事制度方面，“竞争中性”倡导的国有企业高管人员雇佣关系市场化，同国有企业人事制度改革方向一致；在分配制度方面，“竞争中性”要求国有企业做好成本核算，制定科学的考核体系、薪酬分配计划、工资决定和增长机制，通过薪酬管理激发员工积极性，形成同市场相协调的工资收入分配格局，与竞争中性原则也是相一致的。

为此，可借鉴“竞争中性”深入推进国有企业三项制度改革。可以按照“竞争中性”的要求，深入推进三项制度改革——“竞争中性”的商业考虑等要求和三项制度改革的思路类似，深入推进三项制度改革实际上相当程度地落实了竞争中性原则。

（五）推进国有企业转变机制

“竞争中性”要求国有企业的经营管理运行遵守非歧视待遇和商业考虑原则①。这与国有企业建立和完善现代企业制度的要求相契合，具体体现为以下几个方面。

一是“竞争中性”要求完善公司法人治理。这与国有企业规范董事会建设等相关工作的具体要求是一致的。

二是“竞争中性”要求国有企业运营中采取市场化机制。这与促进国有企业真正成为社会主义市场经济条件下的独立市场主体的国有企业改革要求是一致的。

三是国有企业的整体目标是社会价值最大化。“竞争中性”要求国有企业也要有合理的投资回报，要求企业是以营利为目标的市场主体。而国有企业的整体目标也是促进社会价值最大化，这同“竞争中性”对于企业的要求类似。

四是国有资产出资人代表以投资额为限承担有限责任，相应履职行权。深化国有企业改革要求正确处理政府同国有企业的关系，国有资产出资人代表以投资额为限承担有限责任。

五是“竞争中性”要求国有企业做好信息披露。这也是国有企业改革对于国有企业信息披露的基本要求。可以按照“竞争中性”的透明度要求和公开透明机制，推动国有企业做好信息披露，提升透明度。

（六）对国有企业提供公共服务采取合理方式进行公开透明的补偿

“竞争中性”要求为国有企业承担公共服务提供合适的、公开透

---

① 吴振宇：“竞争中性原则对深化国企改革的启示”，《山东国资》2020 年第 3 期，第 21 ~ 24 页。

明的补偿。

一是明确区分国有企业不同活动的外部性问题。重点是区分国有企业开展商业活动的外部性同履行社会责任或提供公共服务的外部性之间的区别和联系。

二是国有企业针对公共服务等相关工作做好成本核算。“竞争中性”要求公开、透明、合理的财政补贴，防止过度补贴以及可能出现的交叉补贴等。做好相关成本核算，是处理好这一问题的基础性工作。

三是明确提供公共服务的补偿标准。对于国有企业提供公共服务，要明确补偿的判定标准、补偿标准、补偿程序等。

四是制定科学的承担非商业活动成本量化机制。确保政府对国有企业承担非商业活动给予及时合理的补偿，避免国有企业可能遭遇的竞争“劣势”。

五是对国有企业经营性和公益性不同类型活动，实施“分账户”管理。参考欧盟做法，在对公共行为（非商业活动）和商业行为进行区分的基础上，区分公共行为责任和商业行为责任，并设立不同账户①。

为此，可参照“竞争中性”相关要求，对国有企业提供公共服务提供公平、透明、可问责的成本补偿。对国有企业承担公益类业务进行“分类核算和分类考核”，并“建立健全符合国际惯例的补贴体系”，关键在于公平、透明、可问责，把一些过去由企业消化、承担的公益业务成本“暗转明”，转为财政开支。一是区分国有企业商业活动的外部性同履行社会责任或提供公共服务外部性之间的区别和联系；二是做好国有企业的成本核算；三是明确提供公共服务的补偿标

① 银温泉：“竞争中性视角下的国企改革”，《宏观经济管理》2019 年第 10 期，第 8 ~ 12 页。

准；四是制定科学的承担非商业活动成本量化机制；五是对国有企业经营性和公益性不同类型活动，实施“分账户”管理。

四、适应国际经贸规则中的“竞争中性”条款，推动高水平开放与深层次改革互促共进

竞争中性原则发源于澳大利亚，经过 OECD 等国际组织以及一些发达国家的推广，已经成为国际双多边、区域经贸投资协议的重要原则或内容，当前已经具有国际软法转变的趋势[①]。中国可以此为契机，借鉴竞争中性原则，为推进高水平对外开放和制度型开放、为中国国有企业“走出去”合规经营，创造基础条件。

为推进制度型开放和为中国国有企业“走出去”创造条件，中国可以适应性地对接国际经贸规则“竞争中性”条款。一是以进一步完善和优化各类负面清单制度作为主抓手，完善“竞争中性”规制。二是全面实施准入前国民待遇加负面清单管理制度，推动全方位对外开放。三是进一步完善国际化、法治化、市场化的营商环境。四是鼓励企业自觉遵守国际社会广泛认可的竞争中性规则[②]。

与此同时，中国企业还可主动适应国际经贸规则“竞争中性”要求，秉持公平竞争理念，遵守市场规则和商业原则，提升“走出去”的合规经营和规范发展的能力与水平。

---

① 余菁：“竞争中性原则的政策应用”，《求是学刊》2020 年第 47 卷第 2 期，第 85 ~ 94 页；吴振宇：“竞争中性原则对深化国企改革的启示”，《山东国资》2020 年第 3 期，第 21 ~ 24 页。

② 文宗瑜、孙晓悦：“竞争中性规则视角下的国企改革及相关改革深化”，《财政监督》2020 年第 13 期，第 30 ~ 35 页。

（一）对接国际经贸规则“竞争中性”条款，推进制度型开放

接纳和参与国际通行规制的制定与完善，是制度型开放[①]的应有之义。竞争中性原则在经济政策体系中具有基础性地位，对于促进国内更好地公平竞争、接轨国际市场均具有示范引领作用，应积极借鉴“竞争中性”规制，推进制度型开放。一是完善“竞争中性”相关规则体系，重点是进一步完善和优化各类负面清单制度并以之为主抓手。二是进一步明晰政府与市场的边界。三是全面实施准入前国民待遇加负面清单管理制度。四是进一步完善市场化、法治化、国际化营商环境，吸引高质量外国投资。

（二）适应国际经贸规则“竞争中性”条款，中国企业“走出去”主动合规经营、规范发展

中国企业“走出去”和境外投资进程加快，但也遭受不少东道国的限制或一些国家的干预[②]。如在一些资源能源或高科技企业收购中，国有企业可能因所有制而受到更大程度的阻碍。近年来，一些国家以国家安全与经济安全为由，增强对中国企业特别是国有企业投资和收购的审查。这提醒我们可以借鉴“竞争中性”并以之为参考，在推动中国企业“走出去”的同时注重合规经营和规范发展。

一是要秉持所有制中立理念，遵守市场交易准则。国有企业进一步规范国内外经营行为，以独立市场主体形象公平参与国际市场竞争；同时，国内有序降低并逐步消除非必要限制领域的外资和民资准

---

① 制度型开放是中国进入新时代高质量发展的内在要求，是从强调商品和要素的自由流动向聚焦规则与制度层面的更高提升，更是面对贸易保护主义和单边主义，推进全球经济治理体系变革的主动作为。

② 和军、谢思：“基于竞争中性的政府监管：国际比较与改革方向”，《湖湘论坛》2020 年第 33 卷第 3 期，第 91～101 页。

入门槛，创造“竞争中性”的市场环境。

二是增强国际合作与提升国际竞争力[①]。中国国有企业数量多、规模大，在国际经贸中受竞争中性原则影响较大。我们应变被动为主动，积极借鉴竞争中性原则，既可正面回应所谓“国家资本主义”等指责，又能够通过参与规则制定掌握主动权，管控并减少制度分歧与贸易摩擦。

三是促进形成国内外市场融合畅通的良性循环[②]。随着中国企业“走出去”进程和“一带一路”建设的推进，中国需要在坚持国家经济主权原则的基础上，借鉴竞争中性原则，作出及时响应和主动调整，完善公平竞争的制度环境，形成统一开放、竞争有序的市场体系，既促进国有企业主动接受国际竞争规则的约束，又促进构建容纳国有企业的国际竞争政策体系。这有利于提升国内市场与国际市场的对接度和统一性，形成国内外市场融合畅通的良性循环。

四是支持与促进国有企业自觉遵守竞争中性规则[③]。国有企业作为市场主体，无论是参与国内市场竞争，还是参与国际市场竞争，都面临着遵守竞争中性规则要求的问题。如果能通过深化改革，使国有企业自觉遵守目前已得到国际社会认可的竞争中性规则，则有助于提升中国企业的国际竞争力和影响力。

---

① 和军、谢思：“基于竞争中性的政府监管：国际比较与改革方向”，《湖湘论坛》2020 年第 33 卷第 3 期，第 91 ~ 101 页。

② 王丹：“以竞争中性制度促进形成强大国内市场”，《宏观经济管理》2020 年第 6 期，第 39 ~ 44 页。

③ 文宗瑜、孙晓悦：“竞争中性规则视角下的国企改革及相关改革深化”，《财政监督》2020 年第 13 期，第 30 ~ 35 页。

五、将进一步完善竞争执法机构作为强化和实施竞争政策的突破口，强化公平竞争审查的外部监督审查

巩固和利用好整合“三合一”反垄断机构的改革成果，设置专门的竞争政策部门。在整合三个反垄断部门的基础上形成执法合力，完善竞争政策执行机制；拓展竞争政策的审查内容，审查内容除了包括公平竞争第一类问题（即市场结构导致的不公平竞争问题）之外，还需要进一步增加公平竞争第二类问题（即因不适当的行政干预行为对不同所有制企业造成的竞争优势或劣势）；构建有效的激励约束机制贯彻竞争中性原则，评估“竞争中性”审查工作并给予正向激励，推动地方政府在废止和修改含有“所有制歧视”色彩的规章制度等方面取得实质性成效。

更大力度地实施公平竞争审查制度。一是加大对公平竞争审查和合法性审查的监督力度，建立和完善强制性第三方评估和独立审查机制，推动公正客观评估；编制方案、明确目标，稳步推进存量规章制度审查。二是研究制定更加全面化、深度化、细则化的审查标准，对例外规定的豁免范围实施动态调整和重大事项实时调整。三是建立健全定期抽查机制和考核评价机制，深入推进实质性审查。四是实行公平竞争审查结论备案公开制度，畅通违反公平竞争行为的投诉渠道。五是推动公平竞争审查制度更广范围的覆盖①。

提升基于“竞争中性”的政府监管理念。在全流程政府监管中，以“竞争中性”为前提，更好地解决市场失灵问题。一是建立市场准

---

① 李婕：“年底前实现公平竞争审查制度在国家、省、市、县四级政府全覆盖”，http：//www.gov.cn/zhengce/2019－04/03/content_ 5379226.htm，2019－04－03/2020－06－30。

入前系列文件“竞争中性”审查理念，通过审查纠正市场准入过程中的“竞争非中性”行为；二是形成市场准入流程“竞争中性”理念，避免“竞争非中性”行为对市场主体准入的选择偏好；三是构建市场准入后参与主体的公平竞争理念；四是构建市场退出全流程的“竞争中性”理念，避免因产权、国别、地域等差异而可能产生的异质性退出政策。

六、健全与竞争中性原则相适应的法律和规则体系

立法先行是对“竞争非中性”行为进行政府监管的重要前提。中国可以在总结国外“竞争中性”立法的基础上，健全与国际竞争中性原则相适应的规则和法律体系。

一方面，梳理和评估现有法律法规和制度文件，完善“竞争中性”的激励机制、定期评估、信息披露以及绩效评价，确定对“竞争非中性”行为的约束方式和惩戒机制，确保不同市场主体公平竞争，维护市场主体权益。

另一方面，将分散在多个文件中的竞争中性原则、“竞争非中性”行为认定、“竞争非中性”行为的约束机制进行整合优化，建立“国家竞争中性管理条例”或“国家竞争中性指引”，形成准入、价格、投资、激励、评估、信息披露、奖惩机制等多维的“竞争中性”法律法规，提高“竞争中性”的法律地位，以更有效约束“竞争非中性”行为。

（一）国外推进“竞争中性”立法经验

为了推进“竞争中性”落到实处，相关国家的政府积极制定和发

布各类法律法规政策等制度文件[①]。例如澳大利亚在《1995 年竞争原则协定》中，对于“竞争中性”的内涵以及对于政府在商业活动中的要求提出了明确的规范，明确要求政府不得为其拥有所有权的企业提供税收、利率、监管等优惠以提供竞争优势，从而在法律法规层面对“竞争中性”的权威性进行了明确界定。事实上，澳大利亚最早提出“竞争中性”也是针对 1974 年通过的《竞争法》适用性的评估过程[②]，1993 年，澳大利亚结构调整委员会主席希尔默牵头提交的《国家竞争政策审查》报告明确将“竞争中性”作为国家竞争政策的六大举措之一[③]。因此，从某种意义上讲，澳大利亚提出的竞争中性原则是自身关于市场竞争相关法律制度的完善。

再如欧盟成立之初，也面临不同成员国对所拥有国有企业的补贴等扭曲市场资源配置的情况（威廉·科瓦西奇等，2017）。为了创造欧盟境内不同所有制企业之间的公平竞争环境，欧盟出台相关法律，对各国政府关于国有企业的补贴、扶持等做法进行规范。《欧盟运行条约》第 106 条明确要求欧盟成员国采取具体措施落实“竞争中性”，并且禁止成员国反对关于落实“竞争中性”的规定，无论成员国基于何种理由[④]。《欧盟运行条约》明确了欧盟委员会在处理成员国国有企业经济活动过程中的职责——欧盟委员会不仅具有要求成员国国有企业遵守竞争法的权力，而且在国有企业得到政府扶持而违反竞争法时，欧盟委员会可以要求成员国停止相关措施，从而避免因政府对国

---

① 王丹：“以竞争中性制度促进形成强大国内市场”，《宏观经济管理》2020 年第 6 期，第 39 ~ 44 页。

② 吴振宇：“竞争中性原则对深化国企改革的启示”，《山东国资》2020 年第 3 期，第 21 ~ 24 页。

③ 余菁：“竞争中性原则的政策应用”，《求是学刊》2020 年第 47 卷第 2 期，第 85 ~ 94 页。

④ 银温泉：“竞争中性视角下的国企改革”，《宏观经济管理》2019 年第 10 期，第 8 ~ 12 页。

有企业的优惠行为所导致的资源配置扭曲以及对其他所有制企业的不公平竞争。

（二）中国推进“竞争中性”立法建议

当前，中国与“竞争中性”相关的制度文件主要有《中华人民共和国外商投资法》《中华人民共和国反垄断法》《公平竞争审查制度实施细则》等。相较而言，还缺少约束违反“竞争中性”行为的法律法规，需要进一步完善。

一方面，可以借鉴“竞争中性”，制定、完善与公平竞争相关的激励机制、定期评估、信息披露以及绩效评价等制度安排，确定对“竞争非中性”行为的约束方式和惩戒机制，确保不同市场主体公平竞争。

另一方面，制定“竞争中性条例”或“竞争中性指引”，将分散在多个文件中的竞争中性原则、“竞争非中性”行为认定、“竞争非中性”行为的约束机制进行整合优化，形成准入、价格、投资、激励、评估、信息披露、奖惩机制等多维的“竞争中性”相关规则体系，以更有效约束“竞争非中性”行为。

七、适应实施竞争中性原则的要求，探索构建执行机构，丰富实施工具，完善实施机制

（一）设立竞争中性原则执行机构

针对一些企业在遭受不公平竞争时难以诉诸法律等问题，可完善制度设计和强化落实力度，提升相应规则的约束力。重点是探索构建“竞争中性”执行机构，明确或建立负责推进竞争中性原则落地的组

织机构，在中央和地方层面设立处理“竞争中性”相关问题的投诉机构，明晰“竞争中性”投诉机构职权，做好对投诉意见的反馈。

一是分别在中央和地方层面设立处理“竞争中性”相关问题的投诉机构。参考相关国际经验，在国务院反垄断委员会等协调、指导下，推动形成执行“竞争中性”制度的成熟执法体系，依托国家反垄断局等机构，在中央和地方层面设立专门处理“竞争中性”相关问题的实施机构，完善“竞争中性”实施机制。

二是明晰中央和地方“竞争中性”投诉专职机构职权。中央层面的“竞争中性”相关机构主要负责完善“竞争中性”相关制度、监管和政策框架，并对因所有制差异可能导致的资源分配扭曲进行审查。地方层面的“竞争中性”投诉专职机构就涉及“竞争中性”的投诉进行调查，完善“竞争中性”的执法机制和体系，为落实竞争中性原则奠定基础。

三是做好对投诉意见的反馈。“竞争中性”投诉专职机构承担受理投诉并开展相关工作，并可向有关部门提出“矫正意见”和采取“矫正措施”。

（二）丰富“竞争中性”实施工具

竞争中性原则的执法工具大体上有四个方面：一是竞争法体系，二是公平竞争审查制度，三是负面清单制度，四是“竞争中性”政策试点。

中国的竞争法体系（以《中华人民共和国反垄断法》《中华人民共和国反不正当竞争法》为核心的竞争法体系已基本形成）、公平竞争审查制度、负面清单制度以及竞争中性政策试点等“竞争中性”工具日益丰富，初步具备了适当引入、采用“竞争中性”的政策基础。

可在现有基础上，继续推进监管数字化和跨部门信息共享，推进信息披露成为有效监督“竞争非中性”行为的重要保障；通过清晰透明的相关指引落实竞争中性原则，开展针对“竞争中性”政策落实和推进情况的定期评估工作。

一是推进监管数字化。利用“互联网＋”、大数据、云计算、人工智能等推行“竞争中性”智能监管。

二是推进跨部门信息共享。以信息共享维护公平竞争，树立共享即监管的理念，推进“双随机、一公开”跨部门联合监管与信用监管，让偏离“竞争中性”的违规、违法者“一处违法、处处受限”。

三是通过清晰透明的相关指引实施竞争中性原则。发布清晰明确的指引界定商业化活动，明确商业活动的判断标准和范围，如明确对商品或服务收费、存在竞争者，在商品或服务的生产、供应和定价问题上有独立性即为商业活动。

四是推进信息披露以有效监督“竞争非中性”行为。建立“以信息公开为前提，以数字化监督为工具，以多主体监督为手段”的监督机制，以约束、限制“竞争非中性”行为。例如公布相关企业的财税、补贴、土地等信息，为不同主体甄别“竞争非中性”行为提供数据基础；利用相关企业信息平台，对企业“竞争非中性”行为进行信息化监督；发挥各类社会组织和个人对“竞争非中性”行为的监督作用。

（三）完善“竞争中性”实施机制

一方面，探索在自贸试验区、自贸港等局部地区试点引入并创新“竞争中性”规则。结合中国改革发展需要，选择在相关自贸区开展“竞争中性”政策试点，探索国有企业分类管理、信息披露、公平竞争审查等，并促进竞争政策与产业政策、创新政策相协调。

另一方面，积极参与双多边竞争中性规则及规则平台的构建与完善，阐述中国在国有企业改革、政府采购、市场准入等相关议题上的立场，并促进提升相关工作。通过倡导中国模式的竞争中性原则，影响竞争中性国际规则的形成。利用“金砖国家”、上海合作组织、“一带一路”沿线国家（地区）等组织或平台，表达中国等新兴经济体对“竞争中性”的理解和诉求。

八、协调推进相关领域配套改革

围绕强化竞争政策基础性地位、推进产业政策转型、加强规制制度改革、深化推进市场准入、打造开放创新体系等相关工作，推进实施“竞争中性”相关配套领域的改革。

（一）利用信息公开和竞争倡导推动贯彻竞争中性原则

一是鼓励企业公开信息、提升透明度。深化国有企业信息公开工作试点，建设统一的国有企业信息公开平台，为企业信息公开提供支持，为社会公众查阅信息提供服务。重点通过董事会信息披露、财务信息公开等促进企业完善公司治理、规范企业管理、健全国有资产监管体系，打造“阳光国企”。针对“竞争中性”关切，探索制定适应“竞争中性”要求的补贴信息公开指引，鼓励企业提升补贴信息公开的质量、效率和透明度，促进相关信息公开扩大范围、细化内容。

二是完善补贴监督机制。构建、完善监管部门及社会公众对企业获取补贴的监督机制。对“符合公共利益”的反竞争行为，应进行公开透明的评估，审查其公共成本和公共收益的性质和重要程度等。

三是加强公平竞争倡导。通过竞争主管机构、智库机构、新闻媒体等渠道，促进“竞争中性”相关制度的客观研究和理性宣传，倡导健康有序的公平竞争。

（二）推动产业政策主动转型

推动产业政策主动转型，促进产业政策适应竞争政策、共同支撑创新政策，放松和减少经济性规制、突出社会性规制，鼓励公平竞争、支持科技创新。产业政策应定位于致力创造“促进公平竞争、鼓励创新”的市场环境，促进产业政策加快从选择性向功能性、从倾斜性向竞争性、从纵向向横向、从刚性向柔性转型，产业政策应从以选择性为主转向以功能性为主，不断精简选择性产业政策。

（三）深入推进市场准入改革

市场准入管理关系市场主体进入市场的可能性和便利度，是影响“竞争中性”的重要因素。要在市场准入管理上平等对待各类市场主体，确保各类企业享有同等的市场准入门槛和便利程度。

一是持续实施负面清单制度和动态调整机制，对外商投资实行准入前国民待遇加负面清单管理制度。二是进一步缩减和更具体地界定负面清单领域，加强负面清单管理制度的实施机制建设。三是创新市场准入管理制度，探索以准入后监管取代准入前认证许可，精简准入前认证。四是放宽市场准入前置条件的限制，在市场准入后管理过程保持中性，保障任何市场主体都能不受歧视地获得认证许可。五是加大违法违规惩罚力度，探索抽查制度；政府按照“无事不扰守法者”原则进行检查。

（四）深化规制制度改革，促进公平竞争

“竞争中性”要求不同类型企业遵守相同规则和接受宽严一致的规制。为此，要求对所有市场主体一视同仁，避免因规制差异而导致企业间竞争优势差异。在可以放松规制或减少规制的领域，促进规制制度与“竞争中性”的兼容，如赋予各类市场主体更多的自主交易自由度和空间；对符合条件的国有企业，扩大其在具体经济活动中交易对象的选择权和交易条件的决策权。

下　篇

“竞争中性”相关国际规则与应对策略

第四章

WTO 改革国有企业议题的背景与各国主张

当前发达经济体成员对推进 WTO 国有企业规则改革的必要性有共识，但在具体如何行动上则有明显分歧。其中，以美欧日关于 WTO 改革的三方联合声明最为明确和具体，美欧日借多边规则强化规制国有企业的诉求与目标一致，不过三方态度又有所差别：美国最为激进，意图将其主导的区域或双边协议中改革国有企业规则的条款纳入 WTO 框架；欧盟、日本则相对温和，主要是基于竞争中性原则扩展现有 WTO 规则，但采取跟随美国的态度。发展中国家倾向于维护 WTO 多边规则，反对保护主义和单边主义，对国有企业议题没有单独提出实质性的改革建议。对中国而言，国有企业是 WTO 改革中的防守议题，但如果能把握和适应好国际经贸规则的动向，并且国内改革能予以配合和支撑，参与改革和制定 WTO 国有企业规则，反而可能有助于中国参与全球经济治理和促进深入推动国有企业改革。

经过 25 年的运行，WTO 长期积累的一些历史问题和机制缺陷开始显现，加上当前国际贸易保护主义和单边主义对以 WTO 为核心的多边贸易体系构成严峻挑战，各方推进 WTO 改革的意愿强烈。WTO 改革成为各国博弈的重要领域，国有企业议题是其中焦点之一。

一、WTO 现行的“所有制中性”原则

首先，在 WTO 框架内，只有 1994 年《关税与贸易总协定》(GATT 1994) 第 17 条“国营贸易企业”讨论国营企业相关问题，主要是要求国营贸易企业应遵守非歧视原则、保持透明度和通知义务等；此外主要是通过《补贴与反补贴措施协定》(SCM 协定) 等规制国营企业行为。可以发现，在 WTO 框架内，只有国营贸易企业 (State Trading Enterprise) 和国营企业 (State Enterprise) 说法，还不存在国有企业 (State-owned Enterprise) 概念——直到后来在美国主导的 TPP 和美墨加等多边协定中，才对国有企业作出了明确定义。

其次，WTO 现行框架对国营企业的核心要求主要体现在“非歧视待遇和商业考虑”(GATT 1994 第 17 条第 1 节) 与“透明度”(GATT 1994 第 17 条第 4 节) 上，要求国营企业的商业活动要从“商业考虑”角度出发进行经营决策，以应对政府垄断对贸易的不利影响。需要注意的是，GATT 1994 并未将“商业考虑”等同于“私营企业的考虑”，这与 TPP 及其继承者 CPTPP 不同，也有别于一些国家 WTO 改革方案中的国有企业新规则。

最后，WTO 框架中与当前一些国家倡导的“非商业援助”条款对应的是 SCM 规则。SCM 规则是“所有制中性”的，并不只专门针对国有企业，而是规制所有企业接受补贴的行为。这不同于只针对国有企业的“非商业援助”。此外，SCM 规则下的适格补贴者是政府和公共机构，国有企业只有被认定为公共机构才可能被确认为补贴提供者，这也迥异于“非商业援助”直接将国有企业明确为援助提供主体的做法。

由于一些 WTO 成员认为“政府补贴、非市场导向政策等不公平行为严重扭曲了贸易行为，国有企业则是这些政策的直接对象或执行工具，而现行 WTO 框架对此缺乏有效规制，因此亟须改革”[①]，据此在其 WTO 改革方案中将国有企业议题作为重要内容。

二、各方对改革 WTO 国有企业规则的必要性有基本共识，但对具体如何推进有明显分歧

尽管 WTO 改革困难重重，但其直接影响多边贸易投资规则和全球经济格局，因此仍是各国博弈的重要领域。整体而言，各方对推进 WTO 国有企业规则改革的必要性有共识，但对具体如何行动，在思路和策略上则有明显的分歧。

（一）美国改革方案最为激进

美国迄今并未单独提出全面系统的 WTO 改革方案，而是主要通过美欧日三方贸易部长联合声明释放其关于 WTO 改革的意图，其中有不少涉及改革国有企业规则的内容，主要包括：“公共机构”定义问题；制定新的特殊的补贴规则——“非商业援助”，扩大补贴的界定范围；提高国有企业“透明度”。

此外，我们还可以从美国曾经大力倡导的 TPP 协议和 2018 年签订的《美国—墨西哥—加拿大协定》（USMCA），了解其对国有企业的态度和纪律要求。

TPP 协议在 WTO 国营贸易企业基础上对国有企业作出了股权、投

---

① 参见：美欧日三方于 2018 年 3 月和 5 月发表的第二次和第三次联合声明。

票权和任命权“三权50%以上”的量化定义，定义更加严格、更易执行。TPP国有企业议题的核心三要素是“非歧视待遇和商业考虑、非商业援助和透明度”。TPP的“商业考虑”与WTO现行框架有所不同，如将私营企业作为“商业考虑”的参照标准；“透明度”要求缔约方公布其国有企业、指定垄断企业及非商业援助等相关信息，提出了比WTO更高的信息披露要求。

USMCA则更清晰地体现了近期美国对国有企业的态度，其第22章“国有企业和指定垄断”可视为TPP第17章的修订版（二者之间的相似度高达68%），继承了TPP国有企业纪律要求，并进一步扩大了国有企业定义的范围①。其核心观点同TPP一样，仍然是“非歧视待遇和商业考虑、非商业援助和透明度”，但对国有企业进行了更严格的限制，特别是新增加了“特定援助”条款。根据此条款，若某国的国有企业在某些行业分布较多，若该国对该行业进行援助，那么根据该行业的企业结构特征，该援助很有可能被认定为：主要为国有企业所有，或对国有企业提供了不成比例的大量支持，从而被认定为“非商业援助”。USMCA的“透明度”条款除继承TPP协议的要求外，还要求公示国有企业垄断范围以及应另一缔约方要求公示国有企业获得的“非商业援助”。

（二）欧盟改革方案相对温和

与美国力图打破WTO规则不同，欧盟是多边贸易体制的受益者和多边规则的倡导者、维护者，多次表示要维护多边贸易体制权威。

---

① USMCA对国有企业的定义在TPP“股权、投票权、任命权”的“三权”要求上又增加了“决策权”的约束，而且将TPP定义的国有企业要求政府“直接拥有股权”扩展为“直接或间接拥有股权”。

其 WTO 改革提议相对温和，主要是通过美欧日三方贸易部长联合声明，协调与美国一致行动。

但欧盟对 WTO 改革也有自己的独立诉求，于 2018 年 9 月提出了《WTO 现代化：欧盟未来方案》，其中也对国有企业和产业补贴等问题阐释了自己的态度。欧盟认为有些国家政府通过国有企业开展经济活动、谋取收益，导致了产能过剩，给全球贸易带来了风险，影响了企业绩效、扭曲市场竞争。SCM 协定是约束产业补贴的主要工具，近年来却没有达到预期效果。据此，欧盟与其所关心的补贴问题相联合，提出了改革国有企业的具体措施，核心要求如下。

提高补贴透明度。欧盟认为，尽管 SCM 协定规定成员国通知其补贴行为，但是协议的遵守程度很低，截至 2018 年 3 月底，超过一半成员国没有发出任何通知。如果补贴不透明，成员国就无法审查对方行动，这大大削弱了规则价值。欧盟认为应该严格执行补贴通知要求，如果不告知补贴，将被认定为对其他成员国造成损害的补贴行为。

加强对补贴的规制。欧盟提议，在现行 SCM 规则基础上更有效地识别高度扭曲贸易的补贴类型，扩大禁止补贴名单，禁止无限制担保，严禁对没有可靠重组计划或资不抵债的企业进行补贴。

重新定义国有企业补贴行为。欧盟认为应重新定义“公共机构”，通过案例分析来确定某企业是否能被认定为“公有企业”及政府政策是否干涉国有企业行为；应制定相应规则，来考察政府是否利用国有企业作为工具扭曲市场行为，而不应该关注国有企业的经济表现。

（三）日本想走相对温和的“偏向中间的路线”

日本反对贸易保护主义，对多边贸易体制和全球自由贸易体系持维护态度。对于 WTO 改革，日本意图扮演“协调人”角色，在与美欧协调改革方案、采取联合行动的同时，希望走一条相对温和的“偏向中间的路线”，通过各方谈判达成妥协，最终实现改革。

日本虽然在很多场合表明了其 WTO 改革意图，但并未像欧盟一样提出完整改革方案。日本对于 WTO 改革的提议（包括国有企业议题），主要通过美欧日三方贸易部长会议释放，采取跟随美国的态度，是美欧政策的跟随者。此外，由于 CPTPP 目前改由日本主导，因此日本对国有企业的态度还可以从 CPTPP 中解读。

（四）加拿大国有企业规则改革趋向于美欧日方案

2018 年 10 月，加拿大邀请欧盟及澳大利亚、巴西、日本、新加坡、韩国等 12 个 WTO 成员方在渥太华会晤，探讨 WTO 改革问题，会后发表联合公报——《渥太华公报》，表达了对贸易保护主义抬头的担忧。同时，加拿大认为应促进 WTO 与时俱进、持续发展，以更好适应世界经济与贸易新格局；WTO 应改革相关规则并覆盖一些热点问题，包括产业政策、产业补贴、技术转移等。加拿大方案只是提出了改革方向，没有涉及具体的改革内容和条款。关于国有企业议题，加拿大趋向于赞同美欧日提案，USMCA 也可反映其对国有企业规则的态度。

（五）“金砖国家”方案未具体涉及国有企业议题

“金砖国家”关于 WTO 改革的立场是反对单边主义和保护主义，维护现有以 WTO 为核心的多边贸易体制与规则、维护 WTO 的核心价值和基本原则，同时接受 WTO 改革，提高 WTO 的透明度和效率。但“金砖国家”当前关注的重点是上诉机构停摆和贸易争端解决机制失效问题，各“金砖国家”没有提出单独方案，更未具体涉及国有企业议题。

中国提出“WTO 改革应尊重成员各自的发展模式”，反对一些成员否认发展模式的多样性和对不同发展模式的歧视，认为 WTO 应增加多边贸易体制的包容性。中国反对借 WTO 改革对国有企业设立特殊的、歧视性纪律，也不同意将没有事实依据的指责列为 WTO 改革议题（见表 4－1）。

表 4－1　各经济体的 WTO 国有企业改革方案

	改革方案
美国态度最为激进	认为需要对 WTO 进行颠覆性的“破局”改革；依据本国法律，采取极端贸易保护措施，强力推动改革；绕开 WTO 多边体制，通过 TPP、USMCA 等区域协议，提出了改革国有企业规则的条款，并且积极将这些条款写进多个双边协议中，意图将这些条款纳入 WTO 规则中 美国改革国有企业规则的具体诉求有四个方面：一是扩大国有企业定义覆盖范围；二是认为国有企业应遵循“商业考虑”；三是限制对国有企业的非商业援助，限制政府对国有企业的补贴；四是进一步提高国有企业透明度
欧日加等经济体态度相对温和	以欧盟和日本为首的发达经济体是 WTO 多边贸易的维护者，虽然也根据各国自身利益提出了国有企业改革方案，但主要方向是扩展现有 WTO 规则，提议国有企业与私营企业公平竞争，延续和维持竞争中立原则
发展中国家没有明确的建议	维护 WTO 多边规则，反对保护主义和单边主义，认为应基于 WTO 的核心价值和基本原则进行 WTO 改革 发展中国家没有明确提出关于国有企业的改革建议

三、WTO 改革国有企业议题对中国的影响

综上，主要经济体对 WTO 改革国有企业议题都各有诉求，其中以美欧日三方贸易部长联合声明最为明确和具体，但美欧日三方的态度又有差别——美国最为激进，意图将其主导的区域或双边协议中改革国有企业规则的条款纳入 WTO 框架；欧盟、日本相对温和，主要是基于竞争中性原则扩展现有 WTO 规则，但在 WTO 改革方案上采取

跟随美国的态度；需要注意的是，尽管欧盟和日本与美国在反对单边主义、维护多边贸易体制的态度上不同，但在国有企业议题中借多边规则强化对国有企业的规制上，美欧日的诉求与目标是一致的。发展中国家倾向于维护 WTO 多边规则，反对保护主义和单边主义，大多认为应基于 WTO 的核心价值和基本原则进行改革，对国有企业议题没有单独提出实质性的改革建议。

可见，发达国家对推进 WTO 国有企业规则改革有基本共识，但在具体如何行动上则有明显分歧。目前来看，WTO 改革国有企业议题主要聚焦于以下五个问题：如何明确国有企业的定义和范围；是否将国有企业定性为公共机构，进而认定为补贴提供者；限制对国有企业的“非商业援助”；国有企业遵守“商业考虑”；提高国有企业透明度。

整体而言，WTO 改革国有企业议题首当其冲地影响中国国有企业，会直接影响国有企业的国际发展空间和市场竞争行为，并对完善政企关系（尤其是国有企业与政府之间保持独立的财务关系）提出更高要求。

另外，它对中国的对外贸易投资会产生一定影响。国有企业目前仍是中国境外投资的重要主体——截至 2018 年年底，在中国对外非金融类直接投资 1.76 万亿美元存量中，国有企业占 48%。国际经贸规则中严格的国有企业纪律对中国国有企业国际化发展带来挑战，国有企业对此需要主动作出适应性调整甚至前瞻性变革。

但是我们更要意识到，鉴于中国的国资国企大国地位，具备争夺相关话语权的基础和争取一定义务豁免的空间，如果能把握和适应好国际经贸规则，并且借鉴国际规则中有益的一面推进国内改革，积极参与改革和制定 WTO 国有企业规则，反而更可能有助于中国参与全球经济治理和促进国有企业改革发展。

第五章

关于 WTO 改革国有企业议题的应对

国有企业是中国可以通过加快国内改革化解外部压力、谋求国际共识的领域，整体上中国需要以积极、开放的态度去推动 WTO 改革。为此，我们要正视问题、主动参与、积极应对。在 WTO 改革中参与制定国有企业规则，反对借 WTO 改革对国有企业设立歧视性纪律。我们的基本目标是维护国家经济主权、争取国家利益最大化；基本思路是内外统筹、分类应对，促进国有经济与市场经济融合、与国际经济兼容、与国际规则对接；基本立场是基于国家主权原则主动对接国际规则的合理部分，辩证看待将国有企业定性为公共机构，倾向维持“所有制中性”的 SCM 规则，不反对商业类国有企业在经营中遵循商业考虑，可考虑接受提高国有企业透明度，通过深化改革和利用例外条款缓解国有企业议题的规制冲击。

国有企业已经成为 WTO 改革中无法回避的议题。作为国资国企大国，中国自身也有进一步推动国有企业改革、促进公平竞争、适应和把握国际规则的内在要求。因此，尽管国有企业议题是中国在 WTO 改革中的防守议题，但我们必须主动参与、内外统筹、分类应对。

一、WTO改革国有企业议题的五大焦点及对中国的影响

WTO改革国有企业议题大致聚焦于以下五个方面：是否将国有企业定性为公共机构，进而视为补贴来源；限制“非商业援助”，重点是政府对国有企业的补贴；国有企业遵守“商业考虑”；提高国有企业透明度；如何确定国有企业的定义和范围。

（一）关于将国有企业定性为公共机构

国有企业是否定性为公共机构，直接关系到反补贴制度对国有企业的规制，事关WTO反补贴语境下的国有企业法律定性，存在中国的“政府职权论”和美国的“政府控制论”之争。在2011年中国诉美国“双反”措施案中，中国的胜诉确立了“政府职权论”标准。但国有企业的公共机构定性问题并未得到彻底解决，迄今仍是WTO改革国有企业议题中的焦点问题。

国有企业是否定性为公共机构，深刻影响中国对外经贸关系、国际义务承担和国有企业改革发展，牵涉中国市场经济地位认定，关键在于能否完善和落实国有企业分类改革。

如果将国有企业定性为公共机构，那么国有企业接受政府补贴就顺理成章地名正言顺了。但不加区别地将国有企业一概定性为公共机构也将带来一系列问题：一是“中国遭遇反补贴调查最多，也是最为严重的反补贴调查受害国”问题将会雪上加霜——将国有企业定性为公共机构，将扩大中国补贴提供者的主体范围，意味着一些经济体不仅可以对国有企业发起反补贴调查，还可以对与国有企业有商业往来的企业发起反补贴调查。这将危害出口企业利益、增加中国企业和政

府应诉成本。二是完全否定了国有企业商业属性，忽视了 WTO 各成员方发展阶段不同、国有企业发挥作用不同等方面的差异性，不符合中国国有企业改革的市场化方向和现状。

因此，真正的问题是哪一类国有企业可以定性为公共机构，关键在于完善国有企业功能分类，并据此推进分类改革。

（二）关于“非商业援助”

相较于 WTO《补贴与反补贴措施协定》（SCM 协定），一些经济体的 WTO 改革方案要求扩展补贴对象、补贴主体和规制范围，提高补贴透明度、强化对补贴的规制。

中国国有企业量大面广，如按新的补贴规则，更多的相关政策可能会被认定为提供了“非商业援助”，更多的国有企业可能被视为接受“非商业援助”的主体，这对中国国有资产监管、国有企业改革发展带来一定挑战。

但新补贴规则并不禁止“非商业援助”，而是控制其负面影响，防止对其他成员国贸易和投资造成“不利影响”或“损害”。此外，即使在 WTO 原框架内，中国对国有企业提供“非商业援助”已经接受过反补贴调查。在反补贴救济压力下，中国必须面对和解决国有企业（包括国有商业银行）提供“非商业援助”的做法。因此，可行的办法如下：一是争取将更多的国有企业或“非商业援助”行为纳入不符措施；二是更主动积极地通过改革加强补贴管控。

（三）关于“商业考虑”

整体而言，国有企业基于“商业考虑和非歧视待遇”开展经营，与中国国有企业改革目标一致，可以展开讨论、考虑接受。

当然，考虑到当前及以后一段时期中国实际情况和发展阶段，大型国有企业特别是央企的一些商业活动需要服务国家战略，难以做到完全单一的“商业考虑”。我们需要关注“商业考虑”与“服务国家战略目标”的可能冲突。

此外，“商业考虑”的直接规制对象虽然是国有企业，但实际上更是规范政府行为的要求。对国有企业而言，能否基于“商业考虑”在很大程度上取决于政府能否减少对其不当直接干预或赋予其多元目标。政府要保证国有企业行为基于“商业考虑”，就必须尽可能避免过多地对商业类国有企业的直接行政干预，将商业类国有企业当成一般企业对待，促使其回归企业本性。

（四）关于“透明度”

国有企业建立信息披露制度、实现信息公开，是由国有企业的特殊属性所决定的——作为国有资产全民所有、市场化激励受一定限制的市场主体，国有企业没有理由减少信息公开，而是更应加大信息公开的力度。

近年来，中国不断推进国有企业信息公开试点工作，已有一定讨论基础。同时，“透明度”与中国对国有企业的要求和改革方向基本一致，如信息公开、完善信息披露制度、提高透明度等。相较其他议题而言，提高国有企业透明度对我方影响小，实际难度不大，更多的是工作量问题。因此，对于国有企业信息披露，可以考虑接受或一并纳入“透明度”议题讨论。

（五）关于国有企业的定义和范围

我们不希望扩大被规制的国有企业范围。基于谈判策略和国情实际，我们可以争取通过利用例外条款，拟定“适用除外”国有企业名单，争取将符合条件的国有企业排除在外。

此外，中国法律上只有《中华人民共和国企业国有资产法》规定了“国家所出资企业”的定义，关于“国有企业”的定义都来自部门规章。这使得我们应对相关条款挑战时具有一定的灵活性。

二、可以通过加快国内改革化解外部压力、谋求国际共识

作为世界上无出其右的国资国企大国，在国际规则中纳入国有企业议题，必然对中国相关政策的改革和调整提出更高要求。但我们更应该清醒认识到，维护和发展多边贸易体制关乎中国重大长远的战略利益。整体上，中国需要以更积极、更开放的态度去推动WTO改革。

WTO改革国有企业议题确实给我们带来挑战和压力，但并非完全不可控。更积极一点来看，我们具备统筹国内改革和WTO改革的能力和一定条件。处理好的话，不仅可以通过加快国内改革化解国有企业议题带来的外部压力，还可以借WTO改革形成“开放促改革”的动力。

因此，我们要积极参与、客观灵活地开展国际谈判，基于公平竞争等理念就国有企业议题展开磋商，谋求国际共识，正面回应主要贸易伙伴的合理关切。

三、维护国家经济主权、争取国家利益最大化

我们讨论WTO改革中的国有企业问题，必须在坚持国家经济主

权原则的基础上，以争取国家利益最大化为基本目标，维护国有经济正当和可持续发展权利。

首先，推动构建开放型世界经济体系，积极参与国际经济组织与多边贸易体制，阐述立场、表达意见，是维护国家经济主权、促进经济发展的必由之路。

其次，我们不论是推动自身国有企业改革还是参与 WTO 改革谈判，都是主权国家的主动和自愿行为，都是为了提升国民经济整体效率和进一步完善市场经济体制。

最后，为更好应对外部冲击、更顺利地“走出去”，需要客观现实地认真考虑应对一些国际协议国有企业条款带来的挑战，主动对接其合理部分作出及时响应和主动调整。同时，借鉴国际规则中的有益部分，对内促进国有企业改革，对外争取发展空间。

四、内外统筹，分类应对，促进国有经济与市场经济融合、与世界经济兼容、与国际规则对接

应对 WTO 改革国有企业议题挑战，我们必须以深层次改革和高水平开放的交互促进，推动国有经济与市场经济融合、与世界经济兼容、与国际规则对接。

为回应诘难、消除偏见、维护利益，我们应积极落实既定国有企业改革方案，对内完善公平竞争的制度环境和促进高质量发展，对外对标高标准国际经贸规则，为建设世界一流企业争取有利的国际环境和发展空间。为此，我们必须系统谋划、内外统筹、分类应对。

对内，我们要坚持“两个毫不动摇”方针和“三公一平一同”原则，进一步清除所有制歧视、弱化规模化导向、深化国有企业改革，

重点是按“管资本为主”完善国有资产管理体制和更好地发展混合所有制经济，进一步深化国有企业分类改革，以系统明确的国家所有权政策构建公平竞争、协调发展、国民共进的经济格局。

对外，我们要适应和把握国际规则，接受或借鉴其合理部分，同时抵制针对国有企业的竞争限制和另一种形式的“所有制歧视”。

五、基于国家主权原则主动对接合理部分

我们对WTO改革国有企业议题，可以基于国家经济主权原则，主动参与、分类应对，客观现实地接受其中的合理部分，这既有利于我们自己落实既定国有企业改革方案，也有利于避免与其他成员在WTO改革中因国有企业议题而尖锐对立。

（一）关于将国有企业定性为“公共机构”

我们反对滥用认定标准、泛化公共机构，反对不加区分地将国有企业一概定性为“公共机构”。更重要的是完善和落实中国的国有企业分类改革方案。

明示我们的国有企业改革目标是将大多数国有企业发展成为公平竞争的独立市场主体而非“公共机构”。通过推进分类改革，我们可考虑承认公益类国有企业具有“公共机构”属性；同时针对公益事业建立透明、合理的补贴机制。对商业类国有企业，以推进混改、完善公司治理和现代企业制度、转变经营机制等改革举措，明示我们的改革方向是促其回归企业本性、强化商业属性、弱化行政色彩；对一些承担重大专项任务的商业类国有企业，也应促进竞争性业务与政策性业务分离，实施分账管理。

促进政府和国有企业的财务关系独立，使将国有企业定性为“公共机构”失去基础。为此，必须坚持政企分开、政资分开，促进国有企业成为具有独立人格、独立财产、承担独立责任的法人实体，成为自主经营、自负盈亏、自我发展、自我约束的独立市场主体，重点是推进建设规范董事会和落实董事会职权、完善职业经理人制度等改革。

（二）关于“所有制中性”的 SCM 规则

我们可以就补贴问题开展讨论。在补贴相关纪律讨论中，我们可坚持 WTO 长期以来的“所有制中性”传统。

关于政府对国有企业的补贴。我们应进一步清理、规范和调整对商业类国有企业的非商业补贴，对企业承担的公共政策职能或政策性任务，改变过去隐性补偿的做法，建立“公开、透明、合理”的成本补偿机制，完善政府补贴机制，为各类所有制、各类规模的企业营造公平竞争的制度环境。

关于优惠贷款。融资优先优惠国有企业不仅仅是“不符合商业考虑支持”的问题，而更多地与中国金融机构的国有属性以及金融机构本身的经营导向和风险防控等相关。我们要进一步引导金融机构深化普惠金融体制改革，清除导致扭曲行为的根源。

关于资本金注入。作为国有企业的股东，政府很难做到完全不对出资企业进行资本金调整（包括资本金注入）。但中国可以承诺和需要努力的是，进一步规范国有企业的资本金调整机制、完善国有资本布局动态调整机制。

关于债务减免。我们可以承诺依法行使股东权利，继续坚持市场化、法治化和企业自主协商原则，落实“四个禁止、三个鼓励”等企业债务处置政策，明确债转股对象坚持风险隔离，严防利益冲突、利益输送和道德风险。

（三）不反对商业类国有企业在经营中遵循“商业考虑”，但不赞成将私营企业作为“商业考虑”的参考标准

关于商业类国有企业“基于商业考虑”和“非歧视待遇”进行经营，与中国国有企业改革目标有一致性，可以开展讨论。

我们不反对商业类国有企业在经营中遵循“商业考虑”。不仅如此，我们还大力鼓励国有企业在经营中尊重市场规律、遵循商业原则、遵守国际规则。

但我们不同意一些国家对私营企业的过度推崇，不赞成将私营企业作为“商业考虑”的标准——GATT 1994 国营贸易企业条款并未将私营企业作为“商业考虑”的参照标准；从中国的企业实践来看，国有企业“顶天立地”、民营企业“铺天盖地”，国有企业经营的规范性、民营企业经营的灵活性是各自优势之所在，从竞争中性原则和所有制中性原则出发，不宜将一种所有制类型企业行为列为其他类型企业的参照标准。

（四）关于提高国有企业透明度

关于国有企业信息披露，可考虑纳入“透明度”议题讨论。

（五）通过深化改革和利用例外条款缓解国有企业议题的规制冲击

鉴于中国国有资产规模庞大、国有企业数目众多，我们应尽可能争取缩小国有企业纪律对国有企业的规制范围。

从国内改革、把握和适应国际规则两个方面来看，我们可以淡化

“国有企业”概念，而在不同领域逐步代之以“国家出资企业”或“国家持股企业”。在一般竞争性领域，可以通过自我改革减少受规制的国有企业数量——因为新的国有企业规则主要针对“国有企业”进行规制，如果我们能切实贯彻“以管资本为主”和“积极发展混合所有制经济”的改革思路，更多地强调国有资本，更好地发展混合所有制企业，那么相关压力很大程度上可被化解于无形。

此外，我们可以争取利用例外条款争取豁免空间，将更多的国有企业及其维护社会稳定、支持中小企业发展、扶贫、促进落后区域发展等行为，尽可能排除在规制范围之外。

把握和应对国有企业议题挑战，关键还在于办好自己的事。为此，我们要积极落实既定国有企业改革方案，对于我们已经改革了的要将其制度化，如规范董事会建设、促进国有企业信息公开等，将之转化为制度化机制；对于我们准备做的，应尽快推进，在制定细则的基础上将之制度化，如强调公平竞争甚或树立中国版本的竞争中性原则等。由于中国国资国企大国的地位，这当中的一些工作，如果我们推进得好，甚至可以化被动为主动。

第六章

CPTPP国有企业议题的产生背景与规则起源

评估中国接受《全面与进步跨太平洋伙伴关系协定》（CPTPP）中关于国有企业的纪律要求是否符合自身利益、履行协定义务是否现实可行，必须了解CPTPP国有企业议题产生的相关背景。我们对此做了一些研究和分析。

一、在CPTPP之前，国际经贸规则对国有企业已经开始了从不重视到议题逐渐增多、约束逐步增强的转变

虽然CPTPP是第一个设置专章规制国有企业参与国际贸易和投资活动的自贸协定，但实际上在CPTPP之前，国际经贸规则对国有企业的态度，就已经开始了从不重视到议题逐渐增多、约束逐步增强的转变。

（一）在中国加入WTO之前，全球经贸体系并不重视国有企业参与国际贸易和投资所带来的挑战

从理论而言，国有企业参与国际贸易和投资活动必然会带来与私营企业不同的挑战。但在中国申请加入WTO之前，这种挑战并未引

起广泛关注。二战之后在西方国家主导下建立起来的全球贸易体系，主要考虑的是私营企业。在 WTO 的前身——1947 年由 23 个国家签署的《关税和贸易总协定》（GATT），发达国家之间遵循相对成熟的一套规则；对发展中国家，则按“特殊和有差别”原则放宽标准。

在曾经实行计划经济的国家中，捷克斯洛伐克和古巴是 GATT 的创始国，南斯拉夫、波兰、罗马尼亚、匈牙利四国后来也加入了 GATT。为了包容这些国家的经济体制，波兰、罗马尼亚和匈牙利加入 GATT 的议定书都包含了专门条款，但其中没有任何关于国有企业的纪律要求。

改革开放前的中国、苏联和其他实行计划经济的国家长期与西方主导的全球市场处于分隔状态，这些国家的国有企业多数没有机会参与全球市场的贸易和投资活动。“冷战”结束后，除中国和越南外，苏联和中东欧的计划经济国家大多对国有企业实行了大规模私有化，有的还加入了欧盟。因此，在中国加入 WTO 之前，国有企业参与全球贸易体系所带来的挑战并没有引起广泛重视。

当时与国有企业最为相关的国际贸易规则是 1994 年的 GATT 第 17 条，规定“State Trading Enterprise”遵循非歧视原则和基于商业考虑进行购销活动。但实际上这里的“State Trading Enterprise”包括“政府和非政府的企业”，也就是说，既可以是国有企业，也可以是非国有企业。过去的一些研究将 GATT 的“State Trading Enterprise”译成“国营贸易企业”容易导致误解，更确切的理解应该是“政府指定经营外贸业务的企业”。

（二）中国加入 WTO 时对国有企业有较高标准的承诺

国有企业并非中国独有。几乎所有的发达市场经济国家都有国有企业，但它们更多地依托其市场经济体制管理国有企业，在保障国有企业与私营企业在国内市场和区域市场（如欧盟）的公平竞争方面，已经有一套比较成熟的制度。更重要的是，就总体规模、在经济中的角色和对全球贸易的潜在影响力而言，它们的国有企业与中国完全不能同日而语。20 年前中国加入 WTO 的时候，国有企业在经济中的地位更为显要。

在考虑接受中国加入 WTO 的过程中，与中国谈判的西方国家已经认识到中国的国有企业问题非常关键，认为若中国国有企业没有足够的改革，将其纳入全球贸易体系会带来巨大“摩擦”。但它们也没有因此把全面私有化作为中国加入的条件，而是遵循所有制中性原则，着眼于对中国国有企业的行为施加专门的纪律约束。

所以，2001 年中国最终加入 WTO 的时候，除了接受包括《补贴和反补贴措施协定》（SCM 协定）在内的 WTO 的一般规则，还接受了若干专门针对国有企业的规则。中国关于国有企业的承诺反映在《中国加入世贸组织议定书》和《中国加入工作组报告书》两个法律文件中，主要包括以下四个方面。

商业考虑和非歧视。保证国有企业仅依据商业考虑进行购销，确认其他 WTO 成员的企业在非歧视的条款和条件基础上，拥有与这些企业在购销方面进行竞争的充分机会。

商业决策的独立性。承诺政府不直接或间接地影响国有企业的商业决策，除非与 WTO 协定相一致。

限制补贴。除接受 SCM 协定的一般规则外，承诺将对国有企业提供的补贴视为“专向性补贴”，接受该协定第二部分“禁止性补贴”、第三部分“可诉补贴”和第五部分“反补贴措施”规定的约束。

透明度义务。凡给予或维持属 SCM 协定规定的任何补贴，包括对国有企业的补贴，都要通知 WTO。

二、CPTPP 国有企业规则主要起源于 WTO 规则及美国与其他国家签订的自贸协定

CPTPP 协定文本包括前言和 30 章，其中第 17 章“国有企业和指定垄断”文本完全来自 TPP 第 17 章，没有改动。其核心内容仍然是“商业考虑和非歧视待遇、非商业援助、透明度”三要素。

如前所述，CPTPP 相关规则的起源在很大程度上可以追溯到 WTO 的全球贸易规则（如 SCM 协定）及美国与其他国家签订的自贸协定，尤其是美新自贸协定。除此之外，欧盟针对成员国国有企业参与共同市场贸易和投资制定的规则也是 CPTPP 规则的可能来源。

CPTPP 在精神上与起源于澳大利亚、得到 OECD 推崇的竞争中性原则基本一致。竞争中性原则的基本要求，就是政府采取的所有行动对国有企业与其他企业之间的市场竞争的影响都应该是“中性”的，不给任何实际的或潜在的市场参与者带来任何“不当的竞争优势”。而消除不当竞争优势，也是 CPTPP 针对国有企业设置纪律要求的目的所在。

但从具体规则来看，CPTPP 对国有企业的纪律要求主要还是起源于 WTO 规则及美国与其他国家的自贸协定。这部分是因为竞争中性原则及其具体要求不是有法律约束力的规则。此外，二者的具体内容也有差别之处。例如，非歧视原则是从 GATT 开始就通行的贸易规则，竞争中性原则虽然也强调监管中性等具体要求，但并没有从国民待遇和最惠国待遇的角度去加以规定；与 OECD 关于国有企业公司治理的

指南相呼应，竞争中性原则重视对国有企业履行公共政策职能的合理、透明和可问责的补偿，而 CPTPP 从贸易和投资角度出发，对此并没有给予同样的重视。

三、CPTPP 针对国有企业设置专门纪律要求

CPTPP 前言表达了“使国有企业基于公平竞争原则参与国际贸易和投资活动”的立场，指出各缔约方确认国有企业在其多元化的经济中扮演着合理角色，但也认识到向国有企业提供不公平的竞争优势会削弱公平和开放的贸易和投资，因此决定确立旨在促进公平竞争、透明度和正当商业行为的规则。

CPTPP 的这一立场与现存全球贸易体系对国有企业的立场是一脉相承的。关于国有企业，尽管西方国家比较流行的主张是私有化，但二战后在其主导下建立起来的、以 WTO 规则为核心的全球贸易体系并没有禁止和排斥国有企业的参与。这一体系所体现的原则是，只要国有企业遵循公平竞争的原则，所有制对贸易来说是无关紧要的；其贸易规则对政府法规和行为的纪律要求，并不区分这些法规和行为所涉及的货物和服务的提供者是国有企业还是私营企业。这样的立场在一些研究中被称为“所有制中性”。改革后的中国国有企业能够参与全球贸易体系，也是以此为基础的。

但是，对国有企业的参与采取所有制中性原则，前提是公平竞争。由此产生了对国有企业施加专门纪律要求的必要性——这是因为国有企业为政府所有和控制，与政府的关系不同于私营企业。如果国有企业在政企不分的体制下运行，事实上只是政府的延伸，它们与私营企业的竞争实际上就是政府与私营企业的竞争。如果国有企业依托政府

所有权和控制而获得私营企业不能获得的优惠待遇，就会构成不公平的竞争优势。因此，全球贸易体系在容纳国有企业参与的同时，也必须保证国有企业不会因其与政府的特殊关系而获得不当竞争优势。这也就是 CPTPP 在前言中阐明的立场。

既然是所有制中性，是不是就不应该制定专门针对国有企业的纪律要求？这样做是不是对国有企业的歧视？答案是否定的。专门针对国有企业的纪律要求，是考虑到国有企业与政府的特殊关系，目的是防止出现不公平竞争，不是歧视国有企业。相反，如果以“所有制中性”为名，反对任何专门针对国有企业的纪律约束，就等于对国有企业与政府的特殊关系视而不见，对其可能依托这种特殊关系而获得不当竞争优势采取放任态度。

当然，对国有企业设置专门的纪律要求，并不等于私营企业就不会从政府那里获得不当竞争优势、不需要纪律约束。在一些治理水平相对落后、腐败比较严重的国家，一些权势家族的私营企业同样可以与政府保持暧昧关系。但这并不等于对国有企业也不应该有专门的规则，而且全球贸易体系已经有一套规则来应对此类问题。例如 WTO 的 SCM 协定，所针对的就是政府给各类企业包括私营企业提供的补贴；而 CPTPP 所针对的，是国有企业“因其政府所有权和控制”而获得的补贴。

第七章

CPTPP 关于国有企业的纪律要求

CPTPP 专门设立第 17 章“国有企业和指定垄断”，在重要国际多边经贸规则中首次针对国有企业条款单独成章。该章节构建了迄今为止最为严格的国有企业纪律，将过去多边经贸规则中提出的重要原则予以落实。该章节是过去国际经贸规则的重要发展，代表了西方国家对于国有企业的共同要求，其内容不仅对成员国形成强大约束，还会对未来国际经贸规则的升级带来示范效应。中国基本经济制度的内容是“公有制为主体、多种所有制经济共同发展”，国有经济在整个国民经济中占有较大比重，因此必须认真研究 CPTPP 国有企业条款带来的巨大挑战，并提前做好应对准备。

CPTPP 对国有企业的纪律要求主要有三个方面，依其在文本中出现的次序分别为商业考虑和非歧视（第 17.4 条）、非商业援助（第 17.6 条、第 17.7 条、第 17.8 条）和透明度（第 17.10 条）。纪律要求的主体是前两项，其中关于非商业援助的规定尤其复杂，也被视为 CPTPP 的创新。

一、关于国有企业定义和适用对象范围

（一）国有企业定义

CPTPP 对国有企业的定义包括以下两条标准。

一是主要从事商业活动。

二是拥有 50% 以上股权或控制权，即一缔约方在其中：直接拥有 50% 以上的股份资本；通过所有者权益控制 50% 以上投票权的行使；或拥有任命大多数董事会或其他同等管理机构成员的权利。

（二）适用对象范围

协定适用国有企业的对象范围实际包括以下四条标准。

一是 50% 以上股权或控制权。

二是“商业性”。第一，这些活动必须以营利为目的。以非营利或成本回收为基础的活动不受国有企业纪律约束；第二，商品或服务是在“相关市场”中大量供应的；第三，国有企业能够自行决定价格。

三是规模要求。在前 3 个连续财政年度中，任何一个财政年度的商业活动收入超过 2 亿元特别提款权。应根据使用附件 17-A（第 17. 13. 5 条）中规定的综合特别提款权通货膨胀率的公式，每隔三年调整一次通货膨胀阈值。对于发展中成员国，如文莱、马来西亚或越南，该协定生效后 5 年的基本门槛为 5 亿元特别提款权。

四是中央政府控制的大型企业。对非中央政府所有和控制的国有企业，规定在协定生效 5 年内就第 17 章的纪律要求如何适用于非中央政府所有和控制的国有企业进一步谈判。

二、非歧视和商业考虑

这一条款包括了两项义务。一是缔约方应该确保其国有企业在从事商业活动时遵循商业考虑。二是缔约方应确保其国有企业在从事商业活动时提供非歧视待遇。以上两项义务的主体是企业，缔约方的责任在于应确保其国有企业遵守这些义务。

（一）国有企业从事商业活动时应遵循商业考虑

国有企业在购买或出售商品或服务时必须“按照商业考虑”行事，像从事同一活动的私营公司一样行事。商业考虑包括“价格、质量、可用性、适销性、运输和其他购买或出售条款和条件；或在相关商业或行业中的私营企业商业决策通常会考虑的其他因素”。本规则的例外规定了国有企业必须履行的任何公共服务任务。公共服务授权是指国有企业“直接或间接向公众提供服务”的政府授权，这里的服务包括商品分销和一般基础设施服务供应。然而，国有企业必须以“不违背”其对在其境内投资“相关市场”的企业不歧视义务的方式履行其公共服务任务。

（二）国有企业从事商业活动时应提供非歧视待遇

非歧视待遇义务旨在防止国有企业买卖商品或服务时基于国籍的歧视。国有企业必须提供非歧视性服务，包括：给予另一缔约方企业的待遇，不低于其给予该缔约方、其他任何缔约方或任何非缔约方的企业的待遇；给予该缔约方领土内涵盖投资的企业的待遇，不低于其给予由该缔约方、其他任何缔约方或任何非缔约方的投资者在该缔约方领土内相关市场上所投资的企业的待遇。所使用的语言是“不低于”给予一方、任何其他方或任何非一方“类似商品、类似服务和相关市场企业”的待遇。因此，该义务包括国民待遇和最惠国待遇。

三、非商业援助

非商业援助是国有企业章节最核心的条款，主要由四部分组成：定义条款、不利影响或伤害的具体纪律、规则的例外、非商业援助规则的实施。CPTPP 不是禁止非商业援助，而是控制其负面影响。非商业援助义务主要防止成员国政府、国家企业或国有企业对国有企业提供的非商业援助对其他成员国贸易和投资利益造成“不利影响”或“损害”。非商业援助和这两种负面影响之间的因果关系需要“证明”。

（一）非商业援助的定义

非商业援助指缔约方或其国有企业“凭借”国有企业的政府所有权或控制权向国有企业提供援助。用四个标准来确定援助是“凭借”政府所有权或控制权：一是援助仅限于国有企业；二是援助主要由国有企业使用；三是向国有企业提供的援助明显超比例；四是国有企业在提供援助方面受到青睐。援助是指“直接转移资金或者可能直接转移资金或债务”，如：给予或免除债务、贷款或贷款担保或其他类型的融资，条件比该企业在商业上可获得的条件更优惠；不符合私人投资者通常投资惯例的股本；一般基础设施以外的货物或服务，其条件比该企业在商业上可获得的条件更优惠。

（二）不利影响和损害

不利影响包括两种情形：一种为占据市场，另一种为价格影响。

占据市场是指在同一市场上排挤或阻碍了其他缔约方的企业提供同类的货物或服务。此处的市场既包括接受非商业援助的国有企业的本国市场，也包括其作为涵盖投资所设企业而存在的另一缔约方市场，还包括任何其他非缔约方市场。价格影响是指在同一市场上大幅削减了其他缔约方同类货物或服务的价格，或对其产生了显著的价格抑制、价格压低或销售减少。

国内产业损害包括实际阻碍国内产业的建立、造成国内产业的实际损害威胁和造成国内产业的实际损害。判断国内产业损害是否成立可以从对生产该同种产品的国内产业的影响、接受非商业援助的国有企业投资的生产量以及生产对国内产业生产和销售的同种货物的价格影响这三个方面进行分析。如果符合其中一个方面，即可构成国内产业损害。

CPTPP使用的“不利影响”和“国内产业损害”，在用语上分别对应WTO《补贴与反补贴措施协定》（SCM协定）第5条和第15条的“不利影响”和“国内产业损害”。与WTO的SCM协定一样，包括国内产业的实质损害、对国内产业的实质损害威胁、实质阻碍国内产业的建立三种情况，从接受援助的国有企业投资的生产量、该生产对国内产业生产和销售的同类货物的价格影响、该生产对生产该同类产品的国内产业的影响三个方面来评估，而只要证明非商业援助是造成国内产业损害的原因之一，因果关系即可确立。

相较于WTO的SCM协定，CPTPP扩展了补贴对象和补贴主体，进一步实质性地限制了国有企业的商业行为。WTO框架下，只有公共机构的行为才可能被定性为补贴，CPTPP则直接将国有企业作为非商业援助主体，进而要求缔约方确保国有企业不得通过对国有企业提供非商业援助给其他缔约方造成不利影响或对其他缔约方的国内产业造成损害，直接规避了 WTO 的 SCM 协定和争端解决机构对补贴主体的严格限定。另外，CPTPP 中非商业援助的不利影响既包括了货物贸易，也包括了服务贸易，还包括了国际投资方面的不利影响和相关产业损害。而在 WTO 多边协定中，SCM 协定仅规范货物贸易。

（三）例外

定义条款澄清非商业援助不包括集团内部交易、国有企业之间与私营企业一致的交易、养老金的转让。

按照一般例外，非商业援助的规则不适用于缔约方在出现国内或全球经济紧急情况时临时采取的应对措施或对国有企业采取的临时应对措施，不适用于行使政府职责的国有企业提供的支持进出口或支持私人境外投资的合乎条件的金融服务。

在签署 CPTPP 之前提供的非商业援助是受到保护的，在签署 CPTPP 后 3 年的新援助也是如此，只要它是在签署 CPTPP 之前根据法律形成的或者承担的合同义务。

对主要在境内提供服务的国有企业，初始资本化或取得企业控股红利亦受保护。这一例外只适用于服务，而不是货物。“主要”在本国提供服务，允许一些海外服务和本国货物生产，这是有争议的。例外只适用于初始资本化或获取红利，而不是持续支持。该条款也不保护作为国有企业大股东的政府对在战略上重要的国有企业因经济危机以外的原因而陷入困境时提供财政支持。

（四）规则的实施

除了提供信息外，CPTPP 第 17 章没有建立单独的争端解决机制，而是采用第 28 章的争端解决机制。

四、透明度

CPTPP 规定了非常详细的信息披露义务，这对于国有企业较多的国家来说是一项繁重的负担。其主要包括如下。

（一）国有企业清单

缔约方在协定生效后 6 个月之内向其他缔约方提供或在网站公布国有企业的名录，并在此后每年更新。但文莱、越南和马来西亚获准在协定生效后 5 年之内不执行此规定，而只需在 3 年（文莱）或 6 个月（越南、马来西亚）之内提供或公布一个不完全名录并逐年更新。不完全名录包含在此前 3 年的任何一年中销售收入超过 5 亿元特别提款权的国有企业。

（二）通知义务

任何新指定或扩大的垄断必须立即通知。

（三）及时回应

一方可以要求另一方立即提供两种详细信息，一类是关于国有企业和指定垄断的信息，包括：

（1）国有股或表决权的比例；

（2）黄金股或特别表决权；

（3）最近 3 年期间的年度收入和总资产；

（4）公司董事或高管的政府头衔；

（5）任何根据法律免责或豁免的国有企业利益；

(6) 要求公开提供的任何补充资料。

另一类是关于国有企业和政府垄断（即非私人指定垄断）的信息，前提是此类实体的活动影响双方之间的贸易或投资。

(1) 政府及其国有企业或者指定垄断累计拥有的股份比例及其累计持有的表决权比例；

(2) 政府及其国有企业或指定垄断所持有的任何特殊股份或特殊投票权或其他权利的说明，只要这些权利不同于普通股附带的权利；

(3) 担任实体董事会官员或成员的任何政府官员的头衔；

(4) 最近3年的年度收入和资产总额；

(5) 实体根据法律享有的任何免责和豁免；

(6) 公开的任何其他信息，如年度财务报告和第三方审计。

五、纪律适用和例外

（一）纪律适用

即使对于在约束范围内的国有企业，它们的活动也并非全部受CPTPP第17章的约束。

第一，第17章仅适用于那些对CPTPP自由贸易区内的贸易和投资活动发生影响的国有企业的活动。例如，如果一个国有企业得到的一项非商业援助不对其他缔约方的利益形成不利影响，也不对其他缔约方的国内产业形成损害，则即使危及其国内市场的公平竞争，也不在CPTPP的约束范围之内。

第二，行使政府职能的活动。这包括两项内容：一是因行使政府权力而提供的任何服务。例如不适用的纪律要求包括非歧视和商业考虑、非商业援助和透明度三个部分。二是按政府赋予的职能而提供的金融服务。例如支持出口、进口的政策金融，并且无意取代商业金融，也不比在商业市场上可获得的可比的金融服务更为优惠。

第三，“不符措施”（non-conforming measures）。对于第 9 章（投资）、第 10 章（跨境服务贸易）和第 11 章（金融服务）所规定的若干不符措施，即虽然不符合相关规定但缔约方获准可以采取的例外措施，不受第 17.4 条有关规定的约束，即可以不必给予国民待遇和最惠国待遇，也可以不必依据商业考虑。

第四，临时性措施。这包括三种情况。其一，第 17 章的规定不能被解释为不允许缔约方或其国有企业以清理发生危机的金融机构为目的而采取的行动。其二，关于非歧视和商业考虑以及非商业援助的规则，不能被解释为不允许缔约方采取暂时性的应对全国或全球经济紧急情况的措施，以及对某一国有企业实施此类措施。其三，在一定条件下，关于非商业援助的规定不适用于缔约方的国有企业暂时取得所有权的、位于其领土之外的一个企业。

第五，政府采购。CPTPP 专门有第 15 章覆盖政府采购。按第 15 章的规定，政府采购必须遵守国民待遇和最惠国待遇的原则，通过竞争性的公开程序进行，对中小企业的优惠待遇也必须公开透明。

（二）例外与豁免

缔约方在附件 17-D、17-E、17-F 以及附件Ⅳ等部分列出了例外与豁免，在部分纪律中也列出了例外与豁免。

CPTPP 第 17 章包含的例外和豁免规定种类繁多、形式复杂，因缔约方而异。豁免规定少的如日本完全没有，澳大利亚和新西兰只有 1 项，多的如越南有 10 项。有一些豁免规定是一揽子性质的，覆盖所有的国有企业和指定垄断，有一些则是分企业、分条款的。从所涉及的纪律要求来看，主要是第 17.4 条（非歧视和商业考虑）和第 17.6 条（非商业援助）。具体来说，这些例外和豁免规定可以分为以下几个类别。

第一，一揽子形式的豁免。这类豁免覆盖若干缔约方的全部现有或未来的国有企业。豁免的潜在考虑一是少数民族和中小企业，二是落后地区，三是企业改革和重组（越南），四是国防和公共安全（越南）。

第二，与主权财富基金和独立养老基金相关的例外和豁免。主权财富基金和独立养老基金对新加坡和马来西亚尤为重要。第 17 章在附件 E 和 F 中为两国特别安排了相关例外和豁免。

第三，部分金融行业国有企业获得的豁免。这类豁免的主要受益者是墨西哥和越南的开发性或政策性金融机构，其中墨西哥有 5 家，越南明确的机构有 4 家，还有一些只明确了业务类型而没有明确机构名称。此外，智利的 1 家开发性银行和加拿大的 2 家住房金融机构也在其中。

第四，能源和采矿行业国有企业获得的豁免。这类豁免规定的受益者包括文莱、智利、马来西亚、墨西哥、秘鲁、越南 6 个缔约方在石油、天然气、采矿行业的 9 家国有企业，文莱在两个行业的全部国有企业，以及墨西哥和越南的 2 家电力公司。豁免的内容，一是对本国公民和企业或特定的人群和企业（如边远地区、中小企业）在购销活动中给予优惠待遇或考虑非商业因素；二是政府给这些国有企业提供非商业援助，支持它们执行政府要求的项目和任务，包括对特定人群和中小企业的优惠待遇。

第五，交通运输、文化通信和其他行业国有企业的豁免。在交通运输行业，加拿大、智利和越南的 6 家国有企业得到了豁免，加拿大的2家管理桥梁的公司得到了获得非商业援助的豁免，智利的1家客运公司可以在向本国企业购买货物和服务时给予优惠但不能超过年度总购买额的10%。越南的3家企业中，越南机场公司获准向越南航空公司按优惠价提供地勤服务，越南航空公司获准在1项国际融资中得到政府担保，越南船运公司获准在重组过程中得到非商业援助。这些豁免规定中，越南机场公司的情况比较特殊。很多国家的机场和航空公司是国有企业，但只有越南得到了这样的豁免。

六、纠纷解决机制

缔约方关于第17章的纠纷，需诉诸第28章规定的、服务于整个CPTPP的纠纷解决机制。CPTPP的纠纷解决机制的核心是一个三人小组，该小组对相关事宜进行审查并作出裁决。在提交三人小组审查之前，有一个协商阶段；三人小组作出裁决后，有一个执行阶段。

（一）适用范围和解决机制的选择

纠纷解决机制适用于三种情况：第一，协定的解释和应用，即避免或解决缔约方就本协定的解释和应用发生的纠纷；第二，未履行协定义务，即一个缔约方认为另一缔约方的某些实际的或提议的措施与其在本协定下的义务不一致，或者该另一缔约方未能履行其在本协定下负有的义务；第三，发生“无效或受损”，即一个缔约方认为按照本协定一些章（第17章不包括在内）的规定，可以合理地期待获得的利益，由于另一缔约方采取了与本协定不一致的措施而发生无效或受损。由于第17章不包括在上述第三种情况范围之内，关于此章的纠纷只适用前两种情况。

如果纠纷双方都是WTO协定或另一国际贸易协定的缔约方，则用哪个协定下的机制来解决它们之间的纠纷，由抱怨方决定。

（二）协商阶段

纠纷双方必须首先进行协商，只有当协商在一个规定的或双方同意的期限内没有成功时，协商的要求方才可以要求成立三人小组。

任何一方都可以书面要求另一方进行协商，但必须在书面要求中说明所针对的实际的或提议的措施或其他事项，以及提出抱怨的法律基础。书面要求要同时分发给其他缔约方。被要求方要在规定期限内回复并知会其他缔约方。其他缔约方如认为事关自身利益，可以通知纠纷双方加入协商并解释原因。协商可以在回应方的首都或双方同意的其他地方举行，也可以通过技术手段举行，双方应提供足够充分的信息。协商过程应保密。纠纷双方也可以使用其他机制，包括斡旋、和解、调解。

（三）三人小组审查阶段

三人小组应抱怨方的书面要求而成立，其组成和工作程序应遵循协定的规定，除非纠纷双方另有约定。三人小组的职责是，依据协定的相关规定考察抱怨方提出的事宜，提出自己的发现和决定以及双方共同要求其提出的行动建议，并说明理由。三人小组由纠纷双方各指定一名成员，共同指定第三人担任组长。

三人小组成立后，纠纷双方各有至少一次听证会的机会，向三人小组口头陈述自己的观点，然后有一次提交书面陈述的机会和一次提交书面评论意见的机会。除了保密信息外，听证和陈述都应公开。任何缔约方如认为事关自己利益，可作为第三方参加听证，提交书面陈述。三人小组应在其三位成员被任命之日起150天之内提交初始报告。初始报告应包含事实发现以及三人小组关于以下问题的观点：所争议的措施是否与本协定义务不一致；一个缔约方是否未能履行其在本协定下的义务；所争议的措施是否造成了一个缔约方按照本协定一些章的规定可以合理地期待获得的一些利益却发生的无效或受损。如果纠纷双方有要求，报告也可提出行动建议。所有发现和观点都要说明理由。如果三人小组成员意见不一致，也可以单独陈述自己的意见。

纠纷双方收到初始报告后15天内应书面提交评论意见。三人小组考虑评论意见，进行进一步的必要考察研究后，修改报告，并在提交初始报告之日起30天之内向纠纷双方提交最终报告。纠纷双方收到报告并对保密信息作保护处理后，应在15天之内公开该报告。

（四）三人小组裁决的执行阶段

如果最终报告判定：所争议的措施确实与本协定义务不一致、一方确实未能履行其在本协定下的义务、所争议的措施确实造成了无效或受损的情况，则回应方应采取行动消除上述违约情况（下称“违约情况”）。回应方采取行动可以有一个合理期限。如果双方在最终报告提交后45天之内不能就此期限达成一致，任何一方可要求三人小组组长仲裁。三人小组组长应在收到请求后90天之内作出决定，一般情况下此期限应不超过15个月，但也可以视情况延长或缩短。

如果最终报告的执行出现问题，基本的救济措施是赔偿和暂停利益。所谓暂停利益，指的应是暂停回应方按协定从抱怨方得到的诸如减免关税等利益。具体的规定如下。

首先，如果回应方已经通知抱怨方无意采取纠正行动消除违约情况，或者期限到期后双方就回应方是否已经消除违约情况不能达成一致意见，回应方在收到抱怨方要求后，可与其谈判，争取达成双方可接受的赔偿方案。赔偿之后是否就不需要再采取纠正行动？从第28.20条的规定看，答案应该是不需要。当然，由于没有采取纠正行动所造成的对抱怨方利益的影响，会反映在赔偿数额中。

其次，如果在赔偿谈判开始30天之后双方未能达成协议，或虽达成协议但抱怨方认为回应方未能执行协议条款，抱怨方可以书面通知回应方计划暂停“效应相当”的利益，并说明要暂停的利益的规模。在考虑暂停哪些利益时，抱怨方应遵守特定原则和程序。

如果回应方认为抱怨方提出要求暂停的利益规模明显过度，或没有遵守应遵循的原则和程序，或认为自己已经消除了三人小组所指的违约情况，可以要求三人小组复会审议。如果三人小组确定抱怨方所提议的暂停利益规模确实过度，可指定合适的规模。在此基础上，除非三人小组判定回应方已经消除了三人小组所指的违约情况，否则抱怨方可按三人小组决定的规模暂停利益。如果三人小组判定抱怨方没有遵守相关的原则和程序，可指定抱怨方以何种方式实施利益暂停，抱怨方只能按此方式暂停利益。但是，如果回应方在规定期限内（抱怨方书面通知暂停利益后30天之内或三人小组作出判定后20天之内）书面通知抱怨方愿意支付货币补偿，则抱怨方不应采取暂停利益的行动。双方应开始协商，争取就补偿数额达成协议。如果双方协商30天后不能达成协议，补偿数额应确定在相当于三人小组判定可暂停的利益的50%的水平上；如三人小组没有这样的判定，则应确定在相当于抱怨方提议要暂停的利益的50%的水平上。

货币补偿应按季度等额支付，从回应方通知愿意支付货币补偿之日起60天开始第一笔支付。支付第一笔补偿时，回应方应向抱怨方提交一个计划，说明其打算采取哪些步骤消除违约情况。回应方可提供货币补偿以换取抱怨方在最长 12 个月（或双方同意延长）的时间内不采取暂停利益的行动。如果出现下列情况之一，抱怨方可暂停利益：回应方没有按承诺付款；回应方没有提交消除违约情况的计划；货币补偿换取的不暂停利益的期限已过，回应方没有消除违约情况。

如果回应方认为自己已经消除了违约情况，可以诉诸三人小组并书面通知抱怨方。三人小组应在 90 天之内就此完成一个报告。如果三人小组判定回应方确实已经消除了违约情况，抱怨方应立即恢复其所暂停的任何利益。

从以上规定来看，三人小组扮演裁判或法官的角色。为保证其裁决得到执行，抱怨方主要的依托是暂停利益。关于三人小组如何组成的规定，对大国和小国基本是平等的，但暂停利益作为保障裁决执行的最后依托，对各方的影响不一定完全相同。大国对小国暂停利益，比小国对大国暂停利益，其威慑力可能会更大。对此进行平衡的主要机制就是三人小组可以判定提议暂停的利益在规模上明显过度，并指定适当规模。支付货币补偿的规定提供了似乎有利于回应方的缓冲。只要回应方提出支付补偿，抱怨方就不能实施利益暂停。但这个缓冲期至多只能是 1 年。

七、其　他

国有企业章节还包括了一些内容，主要有如下四个方面。

（一）主权基金和养老基金

CPTPP 所指的主权财富基金和独立养老基金都是由政府所有或通过所有者权益控制的企业。

主权财富基金的定义有两个要素：其一仅仅是一种有专门目的的投资基金或安排，用缔约方的金融资产从事资产管理、投资和相关活动；其二是主权财富基金国际论坛成员，或者接受了“圣地亚哥原则”。

独立养老基金的定义有三个要素：其一是关于业务活动，只能是管理或提供养老、退休、社会保障、残疾、死亡或员工福利等方面的计划，并且只为这些计划的缴费人、他们的受益人等自然人的利益服务；其二是关于受托责任，即对前述的这些自然人负有受托责任；其三是关于投资独立性，即在投资方面不受缔约方政府的指挥。其中，“政府指挥”不包括与通常投资实践没有不一致之处的、关于风险管理和资产配置的一般指南；政府官员参加该企业的董事会或投资决策机构本身不说明存在“政府指挥”。

对符合上述定义的两种基金以及独立养老基金控制的国有企业，第17章的纪律要求不适用，除非缔约方直接给独立养老基金所控制的企业提供非商业援助，通过两种基金或独立养老基金控制的企业间接提供非商业援助；或者主权财富基金自己给其他国有企业提供非商业援助。

（二）法院和行政管理机构

外国国有企业必须受国内法院约束。国内法院对外国拥有或控制的国有企业的民事诉讼的管辖权必须与国内企业相同。这是为了消除延伸到国有企业的任何主权豁免问题，以及国有企业在国际法中的不确定地位。

（三）国有企业和指定垄断委员会

国有企业和指定垄断委员会将至少每年举行一次会议。委员会的作用是：审查本章的操作和实施情况，通过区域和多边论坛开展合作，开展商定的技术合作活动，包括信息交流、讲习班和分享“最佳做法”。

（四）进一步谈判

协定生效 5 年内，缔约方就扩大纪律适用范围开展进一步谈判。

第八章

CPTPP 国有企业纪律的适用范围

CPTPP 对国有企业的各项纪律要求虽然标准很高，但其适用范围较为有限，主要包括国有企业、国家指定垄断企业、主权财富基金和独立养老基金等四个方面。CPTPP 对上述四个概念给出了明确定义，界定了适用范围，划出了例外规定和豁免空间。

一、所约束的主要是中央政府控制的大型国有企业

CPTPP 第 17 章主要从定义、规模、是否中央政府所有等三个方面来限定所约束的国有企业，其中最重要的是定义。

（一）CPTPP 对国有企业给出了量化的明确定义

CPTPP 关于国有企业的定义包含三个要素。

第一，国有企业当然必须是企业。CPTPP 规定，企业指“任何依法设立或组织起来的实体，包括公司、信托、合伙制实体、业主制实体、合资实体、协会以及类似组织，不论是否以营利为目的，也不论是为私人还是为政府所有和控制”。

第二，国有企业必须是主要从事商业活动的企业。所谓商业活动，

其定义包含下列核心要素：企业从事该活动以营利为目的；从事该活动的结果是生产了一种货物或提供了一种服务，并将该货物或服务售卖给了相关市场的消费者；该企业自主决定售卖的数量和价格。所以，不以营利为目的或只追求成本回收的实体不算国有企业（第 17.1 条）；中国的“公益类国有企业”应该属于这种情况。此外，不能独立决定售卖数量和价格的企业应该也不能算是国有企业。因此，如果一个缔约方不希望自己的某一国有企业受第 17 章约束，也可以宣称该企业售卖货物和服务的数量和价格是由政府决定的。“从事商业活动”这一要素在实施中如何把握，尚需观察。

第三，国有企业是政府所有或控制。CPTPP 没有像美国与一些国家的自贸协定一样直接使用“所有和通过所有权的控制”这样的概括性概念，而是量化地列出了三种具体情况：一是缔约方在其中直接拥有超过 50% 的股份资本；二是缔约方通过所有者权益控制了超过 50% 的投票权；三是缔约方有权任命董事会或与之相当的管理机构的多数成员。

这三种情况都属于政府“所有和通过所有权的控制”。“通过所有者权益控制的投票权”指的应该是股权结构比较复杂的情况。该定义也覆盖了董事会之外的其他决策机构，即“与之相当”的管理机构。在中国的国有企业中，若是党委而非董事会实际掌握经营决策权，就可能属于这种情况。

根据此定义，在董事会掌握经营决策权的情况下，只要政府在一个企业中的直接股份和所控制的全部投票权都不超过 50%，而且有权任命的董事在董事会不占多数，则该企业就不算国有企业，从而不在第 17 章的约束范围之内。

据此，国家参股而不控股的企业不算 CPTPP 所定义的国有企业。

但政府即使是少数股东也可能控制一个企业，这似乎是一个漏洞。不过，按照透明度规则，任何一个缔约方都可以要求别的缔约方披露在某个企业的特殊股权、特殊投票权或其他权益。也就是说，只要一方认为另一方政府事实上控制着某企业，就可以要求对方作出说明，直至诉诸纠纷解决机制。当然，如果一个缔约方确实希望通过放弃对某企业的控制，只充当少数股东而使其免受第 17 章的约束，这个定义也提供了这样的选择。

CPTPP 对国有企业的定义采用了股权、投票权和任命权三大标准，而且量化规定如果国家在企业直接拥有 50% 以上股份、或控制 50% 以上投票权、抑或有权任命大多数董事会或其他相当管理机构的人员，该企业即为 CPTPP 第 17 章定义的国有企业，在从事商业活动时应遵守 CPTPP 国有企业规则。

总的来说，相较于其他主要采用定性法定义国有企业的一些国际规则，如 OECD 对“国有企业”和《关税和贸易总协定》（GATT）对“State Trading Enterprise，STE”的定义，CPTPP 协议有关国有企业和指定垄断企业的定义更加量化，因而更为清晰和具体。量化定义的目的是避免有人采取规避措施，同时将拥有多数任命权的情形也纳入规范范畴，以最大限度减少自由裁量权及规避国有企业条款的行为，有利于更明确地界定国有企业纪律的适用范围。

（二）一定规模以上的中央政府控制的企业才受 CPTPP 国有企业纪律约束

并不是所有符合定义的国有企业都受第 17 章国有企业纪律的约束。CPTPP 国有企业纪律约束的重点是中央政府控制的大型企业。对规模较小的企业和地方政府拥有的企业，CPTPP 采取了更灵活的态度。

首先是规模要求。在协定生效前 3 个连续财政年度中的任何一年，如果一个国有企业来自商业性活动的年度收入小于 2 亿元特别提款权（按 2019 年 12 月 31 日汇率计算，合 2.781 亿美元），则该企业不受“非歧视和商业考虑、非商业援助和透明度”三项纪律的约束。2 亿元特别提款权的门槛每 3 年调整一次，第一次调整时间是协定生效后第一年的 1 月 1 日，附件 17-A 规定了调整公式。对于文莱、马来西亚、越南等发展中成员国，该协定生效后 5 年的基本门槛为 5 亿元特别提款权。

其次是中央政府控制的大型企业。对非中央政府所有和控制的国有企业，附件 17-D 列出了分国别的例外清单，并于附件 17-C 中规定，在协定生效 5 年内进一步谈判，讨论第 17 章的国有企业纪律如何适用于非中央政府所有和控制的国有企业。

（三）CPTPP 对国家指定垄断企业的纪律要求与国有企业有所区别

国家指定垄断是指企业被国家指定为市场上唯一的某种货物或服务的供应商或购买者。国家指定垄断企业既可以是政府所有的，也可以是私有的。

CPTPP 对指定垄断企业的纪律要求，与国有企业主要有以下四个区别：一是非商业援助主要是规范国有企业的，对指定垄断没有要求，除非指定垄断本身也是国有企业。二是透明度义务要求不同，协定生效后 6 个月，需要提供或公布国有企业名单；对指定垄断，尽管要求“迅速”通报或公布，但没有具体时间限制；对国有企业要求每年更新信息，对指定垄断没有类似要求。三是“非歧视待遇和商业考虑”

约束的产品或服务范围不同，产品或服务只要涉及国有企业即约束；对指定垄断，主要是约束垄断产品或服务的购销。四是对指定垄断，不包括签订协议之前指定的私人垄断；而对国有企业，则涵盖签订协议之前的国有企业。

（四）CPTPP 相对 WTO 有“三个扩展、一个收缩”

就适用范围而言，CPTPP 相对 WTO 有“三个扩展、一个收缩”。

第一个扩展是规制对象从 STE 扩展到国有企业。GATT 的非歧视原则以及与之相关的商业考虑只适用于缔约方政府及其授权的 STE，CPTPP 把适用范围扩大到所有符合其定义的国有企业和指定垄断，包括但远不止 STE。

第二个扩展在规制领域。相较于 WTO，CPTPP 的规制领域从贸易扩展到贸易和投资、从货物贸易扩展到货物和服务贸易。

第三个扩展是国有企业纪律的原则。CPTPP 从 WTO 的“所有制中性”走向“竞争中性”。

一个收缩是在补贴领域，WTO 针对所有类型企业，而 CPTPP 只针对国有企业——WTO 的 SCM 协定针对的是政府提供给各类企业包括私营企业的补贴，而 CPTPP 所针对的只是国有企业因其政府所有权和控制而获得的补贴。

（五）CPTPP 针对国有企业单独设立纪律约束的考虑

为什么只要求政府保证其国有企业和指定垄断遵循这些纪律要求，而对指定垄断之外的私营企业没有同样的要求？例如，普通私营企业在购买货物时是不是就可以歧视来自特定国家或特定企业的货物？目前尚未看到相关的权威解释，我们对此的理解主要是以下两点。

首先，CPTPP的国有企业按定义是在中央政府控制下的企业。因此，它们对来自别国的货物、服务和企业的歧视行为等同于政府的歧视行为，GATT的“STE”概念之所以也包括非国有企业，其道理是一样的。

其次，国有企业不依据商业考虑而歧视来自别国的货物、服务和企业，如宁肯采购质量更差、价格更高的国产货物而拒绝质量更高、价格更低的进口货物，为此付出的代价最终是由政府承担的。而如果私营企业采取同样的行为，代价则由该企业的业主或股东个人承担。

由于这两个原因，CPTPP把GATT施加给STE的纪律要求扩大到符合其定义的国有企业和指定垄断，有其合理的一面，其精神与GATT也是一致的。

二、对主权财富基金和独立养老基金给予例外安排

CPTPP所指的主权财富基金和独立养老基金，都是由政府所有或通过所有者权益控制的企业（第17.1条），但CPTPP对其给予例外安排。

如前文所述，主权财富基金的定义有两个要素，独立养老基金的定义有三个要求。对符合上述定义的两种基金以及独立养老基金控制的国有企业，第17章的纪律要求不适用，除非缔约方直接给独立养老基金所控制的企业提供非商业援助，通过两种基金或独立养老基金控制的企业间接提供非商业援助，或者主权财富基金自己给其他国有企业提供非商业援助。具体规定如下。

关于主权财富基金。除两种情况外，第17章规定不适用于主权财富基金（第17.2.5款）：（1）如果缔约方通过主权财富基金间接提供

非商业资助，则关于非商业援助的第 17.6.1 款（缔约方不得直接和间接提供非商业援助造成不利影响）和第 17.6.3 款（缔约方不得直接和间接提供非商业援助造成产业损害）仍然适用；（2）如果一个主权财富基金提供非商业援助，则关于非商业援助的第 17.6.2 款（缔约方保证其国有企业不向其他国有企业提供造成不利影响的非商业援助）仍然适用。

关于独立养老基金。除两种情况外，第 17 章规定不适用于独立养老基金，也不适用于它所有或控制的企业（第 17.2.6 款）：（1）如果缔约方直接或间接地向独立养老基金所有或控制的企业提供非商业援助，则关于非商业援助的第 17.6.1 款（缔约方不得直接和间接提供非商业援助造成不利影响）和第 17.6.3 款（缔约方不得直接和间接提供非商业援助造成产业损害）仍然适用；（2）如果缔约方间接地通过独立养老基金所有或控制的企业提供非商业援助，则关于非商业援助的第 17.6.2 款（缔约方保证其国有企业不向其他国有企业提供造成不利影响的非商业援助）仍然适用。

对这两种基金为什么区别对待？为什么不适用的范围包括了独立养老基金所有或控制的企业，而没有包括主权财富基金所有或控制的企业？一种可能的解释是，CPTPP 所定义的独立养老基金所有和控制的企业虽然不算是私营企业，但也不同于通常的国有企业。因为独立养老基金管理的是属于受益人的资产，对受益人负有受托责任，而且其投资决策不接受政府的干预。所以它所有和控制的企业的股权资本，并非像通常的国有企业一样来自政府投资，而是来自缴费人，CPTPP 叫作"私人出资"；另外，在商业决策方面，这些企业完全独立于政府。在这两层意义上，这样的企业不符合国有企业的通常概念。

这一点对马来西亚尤为重要，因为其国有企业很多是由养老基金所有和控制的。另外，新加坡承诺保证其主权财富基金所有或控制的国有企业有充分的独立性，在此基础上，这类国有企业也被大幅度豁免，得到了几乎与独立养老基金所有和控制的企业相同的待遇。

三、CPTPP 国有企业纪律标准很高，但适用范围较为有限

由于 CPTPP 各成员国经济发展水平不一，国有企业在各国经济中所占的比重相差较大，因而 CPTPP 第 17 章还规定了国有企业的适用例外，对国有企业纪律要求的适用范围从诸多方面进行了限定。即使在约束范围内的国有企业，它们的活动也并非全部受第 17 章的约束。

对这些不受约束的活动，第 17 章从几个方面作了界定，主要体现在第 17.2 条（范围）的 11 款之中，可概括为“一个适用、五个不妨碍、五个不适用”。

（一）一个适用

第 17.2 条第 1 款，明确了“本章适用于一缔约方的国有企业和指定垄断在自由贸易区内对缔约方间的贸易和投资产生影响的活动”。实际上反过来解读，就是某一国有企业不对缔约方产生不利影响或损害的活动，不在适用范围之内。

（二）五个不妨碍

第 17.2 条第 2、第 3、第 4、第 8、第 9 款用“五个不妨碍”指出了五个不受影响的相关领域和活动。

一是“不妨碍一缔约方的中央银行或货币主管机关开展监管或监督活动或执行货币和相关信贷政策及汇率政策”（第2款）。

二是“不妨碍一缔约方的金融监管机构包括非政府机构，如证券或期货交易所或市场、清算机构，或其他组织或协会，对金融服务提供者行使监管或监督权”（第3款）。

三是“不妨碍一缔约方或其一国营企业或国有企业为解散破产中或已经破产的金融机构，或破产中或已经破产的主要从事金融服务提供的其他任何企业所从事的活动”（第4款）。

四是“不妨碍一缔约方的国有企业以履行该缔约方政府职能为目的，专门向该缔约方提供货物或服务”（第8款）。

五是“本章不得解释为妨碍一缔约方：设立或维持一国营企业或国有企业；或指定一垄断者”（第9款）。

（三）五个不适用

第17.2条第5、第6、第7、第10、第11款用“五个不适用”给出了不符范围。

一是“不适用于一缔约方的主权财富基金、一缔约方的独立养老基金或一缔约方的独立养老基金拥有或控制的企业、政府采购”（第5、第6、第7款）。

二是“第17.4条（非歧视待遇和商业考虑）、第17.6条（非商业援助）和第17.10条（透明度）不适用于在行使政府职权时提供的任何服务”（第10款）。

三是“第17.4条第1款（b）（c）项、第2款（b）（c）项（非歧视待遇和商业考虑），在一缔约方的国有企业或指定垄断根据下列规定购买和销售货物或服务时不适用”（第11款）。

第九章

CPTPP 国有企业纪律的例外和豁免

CPTPP 对国有企业的各项纪律要求虽然被认为标准很高，但其适用范围较为有限，而且几乎所有的缔约方都得到了量身定制的例外和豁免规定。广泛的“一般例外”加上“国别例外”，相当程度上缩小了协议约束的国有企业和指定垄断企业的范围及活动。

一、CPTPP 存在大量的“适用例外”

由于 CPTPP 各成员国经济发展水平不一，国有企业在各国经济中的地位和作用差异较大，因而 CPTPP 协议规定了国有企业的适用例外——既制定了适用于所有成员国的例外（“一般例外”），也允许各成员国根据本国实际情况提出只适用于本国的例外（“国别例外”）。

“一般例外”排除了协议对某些国有实体或国有企业的适用，以及对这些实体或企业从事某些活动的适用。

“国别例外”排除了特定成员国所采取或将采取的未能做到与协议一致的措施。针对 CPTPP 国有企业纪律的“国别例外”种类繁多、形式复杂，因缔约方而异。豁免少的如日本完全没有，澳大利亚和新西兰只有 1 项，多的如越南有 10 项。

这些例外和豁免规定有一些是一揽子性质的，覆盖所有国有企业和指定垄断企业，有一些则是分企业、分条款的。从所涉及的纪律要求来看，主要是“非歧视和商业考虑”和“非商业援助”。

二、适用于所有成员国的“一般例外”

CPTPP 第 29.1 条规定，包括第 17 章在内的一些章适用《关税和贸易总协定》第XX条和《服务贸易总协定》（GATS）第XIV条 a、b、c 段的“一般例外”规定。此外，在第 17 章的部分国有企业纪律中也列出了适用于所有国家的一般例外与豁免。

第一，对缔约方贸易和投资不产生不利影响的国有企业或其活动例外。第 17 章仅适用于那些对 CPTPP 自贸区内的贸易和投资活动产生不利影响的国有企业的活动（第 17.2.1 款）。如果一个国有企业得到的一项非商业援助不对其他缔约方的利益形成不利影响，也不对其他缔约方的国内产业形成损害，则即使危及其国内市场的公平竞争，也不在 CPTPP 的约束范围之内。但需要注意的是，这与“商业考虑”和“公平监管”原则不一致。因为按“商业考虑”和“公平监管”的规定，即使没有对自贸区内的贸易和投资活动产生影响，国有企业在购销活动中没有依据商业考虑，或行政机构监管不公平，也都属于没有履行协定义务。当然，这两项规定具体该如何解释，有待将来由纠纷解决机制中的三人小组确认。

第二，行使政府职能的活动例外。因行使政府权力而提供的任何服务，不适用“非歧视和商业考虑、非商业援助和透明度”这三项纪律（第 17.2.10 款）。其中，因行使政府权力而提供的服务使用 GATS 的定义，既不是在商业基础上提供，也不与其他服务提供者竞争的服务。也就是说，虽然提供服务的企业本身是主要从事商业活动的国有企业，但如果某一具体服务不是商业活动，也不与其他服务提供者形成竞争，就不在前述三项纪律的约束范围之内。

因此，国有实体或企业提供为政府履行职能所需的货物和服务不受协议约束；不以营利为目的或代政府提供的既非按商业条件，也未与其他服务提供者进行竞争的服务（如公共健康、教育和交通运输等公共服务）的国有企业或指定垄断企业也不受协议约束；按政府赋予的职能而提供的金融服务，如符合一定条件①，不受第 17.4.1 款（保证国有企业遵守非歧视和商业考虑的原则）的约束，也可被视为不造成不利影响——这意味着该国有企业得到的、与该项服务相关的非商业援助不受约束，如行使政府职责的国有企业提供的支持进出口或支持私人境外投资的合乎条件的金融服务；出口信贷机构从事的业务活动也不需要遵循非歧视原则。

第三，“不符措施”。第 17.1.11 款规定，对于第 9 章（投资）、第 10 章（跨境服务贸易）和第 11 章（金融服务）所规定的若干不符措施，即虽然不符合相关规定，但缔约国获准可以采取的例外措施，不受第 17.4 条有关规定的约束，即可以不必给予国民待遇和最惠国待遇，也可以不必依据商业考虑。

第四，临时性措施例外。这包括以下三种情况：一是第 17 章的规定不能被解释为不允许缔约方或其国有企业以清理发生危机的金融机构为目的而采取的行动（第 17.2.4 款）。二是第 17.4 条的商业考虑和

① 需要符合的条件是，该服务支持出口、进口或缔约方领土外的私人投资，并且无意取代商业金融，也不比在商业市场上可获得的可比的金融服务更为优惠；此外，该服务必须属于 OECD《官方出口信贷安排》（*Arrangement on Officially Supported Export Credits*）的范围并按与该安排一致的条件提供。

非歧视以及第17.6条的非商业援助的规则，不适用于缔约方在出现国内或全球经济紧急情况时，临时采取的应对措施或对国有企业采取的临时应对措施——如在全球或本国经济出现紧急情况时，成员国政府临时采取的与国有企业或指定垄断企业有关的措施，包括由CPTPP成员或其国有企业为处置已经倒下或即将倒下的金融机构而采取的有关措施，如政府补贴等，这类措施不受CPTPP协议约束。三是在一定条件下，关于非商业援助的规定不适用于缔约方的国有企业暂时取得所有权的、位于其领土之外的一个企业。

第五，政府采购例外（第17.2.7款）。这应该是因为CPTPP专门有第15章覆盖政府采购。按第15章的规定，政府采购必须遵守国民待遇和最惠国待遇原则（第15.4条），通过竞争性的公开程序进行，对中小企业的优惠待遇也必须公开透明。

第六，定义条款澄清，非商业援助不包括集团内部交易、国有企业之间与私营企业一致的交易、养老金的转让。

第七，规模较小的企业和地方政府拥有的企业不受第17章国有企业纪律的约束。CPTPP约束的重点是中央政府控制的大型企业。对规模较小的企业和地方政府拥有的企业采取了灵活的态度，CPTPP成员国将在协议生效后5年内就约束这些企业进行谈判[①]。

第八，CPTPP对主权财富基金和独立养老基金赋予了广阔的例外空间。对符合CPTPP定义的上述两种基金以及独立养老基金控制的国

---

① 一是在协定生效前3年的任何一年，如果一个国有企业来自商业性活动的年度收入小于2亿元特别提款权（按2019年12月31日汇率计算，合2.781亿美元），则该企业不受非歧视和商业考虑、非商业援助、透明度等三方面纪律要求的约束。2亿元特别提款权的门槛每3年调整一次，第一次调整时间是协定生效后第一年的1月1日。附件17-A规定了调整的公式。二是对非中央政府所有和控制的国有企业，附件17-D列出了分国别的例外清单，并于附件17-C中规定，就第17章的纪律要求如何适用于非中央政府所有和控制的国有企业，在协定生效5年内进一步谈判。

有企业，第 17 章的纪律要求不适用。当然，有两种情况不予豁免——缔约方直接给独立养老基金所控制的企业提供非商业援助，通过两种基金或独立养老基金控制的企业间接提供非商业援助；或者主权财富基金自己给其他国有企业提供非商业援助，这时仍受规则约束。

第九，在签署 TPP 协议之前提供的非商业援助受到保护，包括在签署 TPP 协议后 3 年的新援助，只要它是在签署 TPP 协议之前根据法律形成的或者承担的合同义务；CPTPP 协议生效之前由国家指定但为私人所有的垄断企业不受协议约束。

第十，对主要在境内提供服务的国有企业，初始资本化或取得企业控股红利亦受保护。

第十一，国有企业可以在非 CPTPP 成员国市场上提供受本国政府补贴的服务，成员国只需遵循 CPTPP 协议有关非歧视和透明度方面的纪律，而不受非商业援助方面的纪律约束。CPTPP 成员国将在协议生效后 5 年内，就此方面的约束问题谈判（附件 17-C“进一步谈判”）。

三、CPTPP 允许成员国根据实际情况提出适用于本国的例外（“国别例外”）

CPTPP 缔约方可针对自身实际情况，利用“国别例外”排除本国未能做到与协议一致的措施。

（一）各国都充分利用 CPTPP 的例外空间维护本国国有企业利益和发展空间

除日本以外的 CPTPP 成员国，均在 CPTPP 附件Ⅳ或附件 17-D、17-E、17-F 等部分，针对部分甚至全部国有企业纪律，列出了本国与相关规定不一致的国有企业或垄断企业，及与这些规定部分或完全不符的措施。

大多数国家利用附件Ⅳ，而新加坡则利用专属的第 17 章附件 17-E，将由淡马锡和 GIC 等主权财富基金所有的国有企业排除在协议适用范围之外。马来西亚既利用了附件Ⅳ，又利用了专属本国的第 17 章附件 17-F。

在除日本和新加坡外的其他 10 个 CPTPP 成员国中，涉及 10 个部门的 66 个公司被全部或部分免于 CPTPP 国有企业纪律的约束，实际被排除的企业则不止 66 个。涉及企业有金融机构、发展银行和主权财富基金，也有从事基础设施建设、交通服务、能源供应、电信、文化、农产品销售和国防的企业。

一些成员国出于特定目的，把所有的国有企业在从事特定商业活动时排除在协议约束范围之外；有些成员国将整个部门加以排除，如越南将国防和电信部门排除在 CPTPP 协议“非商业援助、商业考虑和非歧视待遇”的适用范围之外；一些成员国为将来谋划，将尚未存在的国有企业或指定垄断企业排除在协议之外，如越南将政府未来向从事清洁能源国有企业提供的非商业性政府支持排除在外。

（二）一揽子形式的豁免

这类豁免规定覆盖若干缔约方的全部现有或未来的国有企业。豁免的考虑因素主要是：支持少数民族和中小企业发展、支持落后地区发展、支持企业改革和重组（越南）、维持国防和公安（越南）。

（三）与主权财富基金和独立养老基金相关的例外和豁免

主权财富基金和独立养老基金对新加坡和马来西亚尤为重要。

CPTPP 第 17 章在附件 E 和 F 中为两国特别安排了相关例外和豁免。

新加坡有 GIC 和淡马锡两家主权财富基金。对它们所有或控制的企业，新加坡专属附件 17-E 列出了例外和豁免规定。当然，新加坡首先作出了与美新自贸协定中类似的关于这些国有企业决策独立性的承诺——除了行使投票权之外，新加坡政府及其主权财富基金不采取任何行动去指挥或影响这些国有企业的决策。

在此基础上，这些国有企业得到了三个方面的例外和豁免：不受第 17.4.1 款（购销活动依据商业考虑且遵循非歧视原则）的约束；不受第 17.6.2 款（缔约方的国有企业不提供造成不利影响的非商业援助）的约束①；三种情况下②，视同新加坡履行了第 17.10.1 款的规定——向其他缔约方提供或在网站公布其国有企业清单。

第 17.2.5 款规定第 17 章不适用于主权财富基金，但并没有说不适用于其所有和控制的企业，这与独立养老基金所有和控制的企业不同。而新加坡的国有企业多为两个主权财富基金所有或控制，上述豁免规定意味着第 17 章最重要的两部分纪律要求中，一部分（商业考虑和非歧视）基本不再适用于其国有企业，另一部分的一半（国有企业给其他国有企业提供非商业援助）也不再适用。这是力度很大的例外规定。换言之，新加坡主权财富基金所有和控制的企业几乎被视同独立养老基金所有和控制的企业。当然，其条件是承诺政府和主权财富

---

① 但两种情况下除外：一是在提供非商业援助前的 5 年内政府或其主权财富基金任命了该企业的 CEO、其他高层管理人员的多数、董事会成员的多数，或以与本协定不一致的方式积极指挥和控制了该企业的商业决策；二是法律或政府政策要求该企业提供非商业援助或就其商业性购买和售卖作出决策。

② 一是向其他缔约方提供或在网站公布了作为该国有企业所有者的主权财富基金的年度报告；二是该国有企业的任何证券在一个证券交易所上市交易，该交易所的监管者是一个国际认可的证券委员会组织的成员；三是该国有企业提交了按国际认可的财富报告标准包括《国际财务报告标准》而完成的年度财务报告。

基金除行使投票权外，不干预企业的经营决策。这应该反映了当时的美国对高度市场化的国有企业愿意给予的最宽松的待遇。

马来西亚的国有企业被称为“政府关联企业”（Government-linked companies，GLCs）。按马来西亚政府的定义，GLCs 是政府在其中有直接的控制利益并主要追求商业目标的公司。“控制利益”的意思是政府有能力直接或通过“政府关联投资公司”（Government-linked investment companies，GLICs）任命董事会成员、高级管理人员和/或作出重大决策。马来西亚国家铁路公司就是一家政府直接控制的 GLCs，但其他 GLCs 几乎都是通过 GLICs 控制的。

GLICs 是与联邦政府关联的、将其全部或部分资金投资于 GLCs 的投资公司。但它们实际上有两个不同类别。

第一类 CLICs 属于通常的国有资本投资控股公司，由政府所有，负责国有资本的投资和管理，主要就是国库控股公司（KNB）。KNB 本身是符合 CPTPP 定义的主权财富基金，享受有关例外规定。CPTPP 对 KNB 所有或控制的企业给予了“协定生效后两年内不受第 28 章纠纷解决机制约束”的豁免。

第二类 GLICs 也属于政府所有，但投资和管理的资本来自私人出资（包括马来人的储蓄），政府只是扮演法定的保证人角色。这类 GLICs 包括以下五个：雇员公积金（EPF），是私营部门雇员和公共部门不领取退休金的雇员的养老基金；退休基金（KWAP），是公共部门领取退休金的雇员的养老基金；军人基金管理公司（LTAT），是负责为军人提供退休福利的基金；朝圣基金管理公司（LTH），是管理伊斯兰存款人为朝圣而储蓄的基金；国家股权公司（PNB），是管理单位信托基金的国有公司。

根据马来西亚学者的信息，EPF、KWAP 和 LTAT 都被认定为符合

CPTPP 独立养老基金的定义，这些基金及其所有和控制的 GLCs 因此享受相关的例外规定。对于 PNB 和 LTH，附件 17-F 作出了专门规定，只要 PNB 和 LTH 的行为符合独立养老基金的定义，它们及其所有或控制的企业就可以得到和独立养老基金及其所有和控制的企业同等的对待。关于它们的行为，附件 17-F 的要求是业务活动、受托责任和投资独立性三个方面，对应独立养老基金定义的三要素。

马来西亚的 GLCs 有多少归上述 5 家独立养老基金性质的 GLICs 所有或以高于 50% 的股权控制，没有具体数据，但应不在少数。除这些例外和豁免规定外，马来西亚国有企业的规模门槛在协定生效后最初 5 年也高于通用的门槛，对马来西亚的石油公司等特定国有企业还有另外的豁免规定。这些规定加在一起，马来西亚联邦政府所属 GLCs 中，只剩下很少几个仍然受第 17 章的约束。

除新加坡和马来西亚外，文莱和越南的两家投资机构也得到豁免，在尚未成为主权财富基金国际论坛成员的情况下，获准在用政府资产进行投资和资产管理时，不受“非商业援助、商业考虑和非歧视”的纪律约束。文莱得到豁免的投资机构是文莱投资局或其基金；越南的是国有资本投资公司（SCIC）及其子公司和承继公司，在协定生效 5 年时或 SCIC 加入主权财富基金国际论坛时，豁免终止。

（四）金融行业国有企业获得的豁免

这类豁免的主要受益者是墨西哥和越南的开发性或政策性金融机构，其中墨西哥有 5 家，越南明确了机构名称的有 4 家，还有一些只明确了业务类型而没有明确机构名称。此外，智利的 1 家开发性银行和加拿大的 2 家住房金融机构也在其中。

豁免的内容主要是三个方面：允许这些机构不仅仅依据商业考虑

从事购销活动；允许它们给本国公民、本国企业或其他特定人群以优惠待遇；在它们的服务无意取代或阻碍相关市场的私营企业提供金融服务的情况下，允许政府向其提供与其使命和职能相关的非商业援助。越南列出的金融机构还有一些额外豁免，就是不必执行第 17.10 条第 2 ~4 款关于披露的要求。

这些政策性金融机构的购销活动显然都不同程度地受到政府的管制，包括它们的服务定价。但它们仍然被视为国有企业，从一个侧面说明了国有企业定义的适用方式。其中如墨西哥国家公共服务和工程银行、越南开发银行这些机构，如何保证不和商业性金融机构发生竞争，值得观察。

（五）能源和采矿行业国有企业获得的豁免

这类豁免规定的受益者包括文莱、智利、马来西亚、墨西哥、秘鲁、越南 6 个缔约方的石油、天然气、采矿行业的 9 家国有企业，文莱这两大行业的全部国有企业，以及墨西哥和越南的 2 家电力公司。

豁免的内容，一是对本国公民和企业或特定的人群和企业（如边远地区、中小企业）在购销活动中给予优惠待遇或可考虑非商业因素；二是政府给这些国有企业提供非商业援助，支持它们执行政府要求的项目和任务，包括对特定人群和中小企业的优惠待遇。

这些豁免规定中，比较特别的是马来西亚国家石油公司获得的只从本国企业购买货物和服务的豁免。协定对此项豁免的规模作出了限制。对智利铜业公司的豁免也设定了类似上限。

此外，越南国家煤炭矿业控股公司得到的非商业援助的豁免也值得注意。该豁免的前提条件是保证不造成不利影响（市场份额显著上升、价格显著削减、压低、抑制和销售损失），但不造成不利影响的非商业援助本来就不在禁止之列。越南航空公司获得的非商业援助的豁免也附带相同的条件。

（六）交通运输、文化通信和其他行业国有企业的豁免

在交通运输行业，加拿大、智利和越南的 6 家国有企业得到了豁免。加拿大的 2 家管理桥梁的公司获得了非商业援助的豁免；智利的 1 家客运公司可以在向本国企业购买货物和服务时给予优惠，但不能超过年度总购买额的 10%；越南机场公司获准向越南航空公司按优惠价提供地勤服务，越南航空公司获准在 1 项国际融资中得到政府担保，越南船运公司获准在重组过程中得到非商业援助。这些豁免规定中，越南机场公司的情况比较特殊。很多国家的机场和航空公司都是国有企业，但只有越南得到了这样的豁免。

在文化通信行业，受益者包括智利 1 家、加拿大 3 家及越南该行业全部国有企业。智利国家电视公司在购买节目内容时可对本国企业优惠对待，并可获得非商业援助；加拿大 3 家企业除了可对本国企业和产品给予优惠外，还有给予而不是接受非商业援助的自由；越南为其文化通信行业（包括新闻、广电、出版和电信）的全部国有企业争得了豁免，主要内容是非商业考虑、差别待遇和电信购销价格的政府管制，以及与越南语海外节目相关的非商业援助。

此外，其他行业的 3 家企业也获得了豁免：马来西亚的 1 家农业公司获准对参与联邦土地开发署开发计划的成员生产的产品给予优惠待遇；越南船运公司作为重组计划的一部分可以得到非商业援助；越南国家咖啡公司的国内生产和销售可以得到非商业援助。

第十章

CPTPP国有企业纪律的规则实施与争端解决机制

CPTPP国有企业纪律很多规则的确切含义有待进一步解释和澄清，一些字面上要求很严格的纪律的实际意义，在很大程度上取决于规则的具体实施，尤其是争端解决机制。

一、国有企业和指定垄断委员会负责实施国有企业规则

CPTPP第17章要求成立一个由各缔约方代表组成的“国有企业和指定垄断委员会”。委员会的职能是审视和考虑本章规则的实施、应缔约方要求就与本章相关的事宜进行咨询，通过缔约方共同努力推广本章的原则并贡献于其他地区和多边机制。缔约方关于第17章的纠纷，需诉诸第28章规定的、服务于整个CPTPP的争端解决机制。

（一）国有企业和指定垄断委员会承担国有企业规则的实施

为避免歧视性监管，CPTPP设立了专门的监督审查机构——“国有企业和指定垄断委员会”，由各缔约方的代表组成。委员会作为相应的监督和执行机构，对国有企业实行监管，承担国有企业规则的实施和应用职责，并负责促进相关事项协商（第17.12条）。

委员会的具体职能包括：审议和考虑本章的实施和运用；应一缔约方请求，对本章下产生的任何事项进行协商；视情况推动合作，在自由贸易区内促进本章纪律所体现的原则，并为在两个或更多缔约方参与的其他区域和多边机构制定类似纪律作出贡献；开展该委员会可能同意的其他活动。

（二）违反国有企业纪律会得到严肃处置

CPTPP 规定国有企业条款适用争端解决机制并赋予其执行力。CPTPP 争端解决机制的规定集中在第 28 章 A 节、B 节及第 9 章 B 节，覆盖范围较广，除第 6 章、第 16 章、第 21 ~ 25 章等 8 章外，其他 CPTPP 章节明确的规则均适用于争端解决机制。

国有企业（第 17 章）被纳入争端解决机制之内，大大增强了国有企业条款的约束力，使其成为一个“有牙机制”。第 28 章规定通过临时专家组实施“一局仲裁”，没有设立类似于 WTO 的上诉程序。这将大大提升争端解决的效率，也加大了国有企业可能面对的诉讼风险。

（三）规定了缔约方发生纠纷提起仲裁时，双方提供信息的权利义务及相应后果

CPTPP 第 17 章附件（17-B）规定了缔约方因非歧视待遇和商业考虑或非商业援助发生纠纷提起仲裁时，双方提供信息的权利义务以及相应后果。

提起仲裁方可以在仲裁庭设立之日起 15 天内，向另一争端缔约方提供书面问题，答复方应当在 30 天内回答。在作出事实认定和初步裁定时，仲裁庭对于在信息收集过程中不配合的一方，应当对其作出不利推定。

在仲裁的执行问题上，CPTPP 明确赋予了其执行力，规定了补偿、中止利益和货币补偿三项救济措施。此外，第 9 章还规定了裁决执行的具体内容，如金钱赔偿、利息、财产返还、与仲裁有关的律师费及相关费用等。这突破了以往裁决注重事实调查的特点，强化了执行力。

另外，CPTPP 明确规定了各缔约国能够依据国内法对他国国有企业在本国的经营行为具有管辖权。从法理上看，一国对其本国范围内的外国企业行为享有管辖权是“属地管辖”原则的体现。但是该规定的主要目的在于限制国有企业管辖权的豁免，即国有企业不能享有绝对豁免权。上述规则是对以往国际经贸协定的突破，增强了国有企业条款的约束力。

二、CPTPP 争端解决机制的核心是三人小组，措施主要是赔偿和暂停利益

如前所述，除要求提供信息外，CPTPP 第 17 章自身没有建立单独的争端解决机制，而是利用第 28 章的争端解决机制。CPTPP 争端解决机制的核心是一个“三人小组”（panel），该小组对相关事宜进行审查并作出裁决。在提交三人小组审查之前，有一个协商阶段；三人小组作出裁决后，即进入执行阶段。

（一）争端解决机制的适用范围和解决机制的选择

争端解决机制适用于以下三种情况（第 28. 3 条）。

一是协定的解释和应用——避免或解决缔约方就本协定的解释和应用发生的纠纷。

二是未履行协定义务——一个缔约方认为另一缔约方的某些实际的或提议的措施与其在本协定下的义务不一致，或者该缔约方未能履行其在本协定下负有的义务。

三是发生“无效或受损”——一个缔约方认为按照本协定一些章（第 17 章不包括在内）的规定，可以合理地期待获得的利益，由于另一缔约方采取了与本协定不一致的措施，而发生无效或受损（nullified or impaired）。

由于第 17 章不包括在上述第三种情况范围之内，因此关于国有企业纪律的纠纷解决只适用前两种情况。也就是说，任何缔约方只要与另一缔约方就协定条款的解释和应用发生争议，或者认为另一缔约方没有履行其协定义务，无论其利益是否发生无效或受损的情况，都可以诉诸争端解决机制。当然，在实际执行中，如果一方虽然并不认为自己的利益受损，但是否会仅仅因为另一方没有履行协定义务而诉诸争端解决机制，则是一个有待观察的问题。

如果纠纷双方都是 WTO 协定或另一国际贸易协定的缔约方，则用哪个协定下的机制来解决它们之间的纠纷？答案是“由抱怨方决定”（第 28.4 条）。例如，如果一项纠纷涉及一个国有企业给其他国有企业提供非商业资助或补贴，其中涉及“公共机构”的认定问题，抱怨方可以选择是诉诸 WTO 的 SCM 协定还是 CPTPP 的争端解决机制。

（二）协商阶段

纠纷双方必须先进行协商，只有当协商在一个规定的或双方同意的期限内没有成功时，协商的要求方才可以要求成立三人小组（第 28.7 条）。

任何一方都可以书面要求另一方进行协商，但必须在书面要求中说明所针对的实际的或提议的措施或事项，以及提起抱怨的法律基础。书面要求要同时分发给其他缔约方。被要求方要在规定期限内回复并知会其他缔约方。

其他缔约方如认为事关自身利益，可以通知纠纷双方加入协商并解释原因。

协商可以在回应方的首都或双方同意的其他地方举行，也可以通过技术手段举行；双方应提供足够充分的信息；协商过程应保密。纠纷双方也可以使用其他机制，包括斡旋（Good Offices）、和解（Conciliation）和调解（Mediation）。

（三）三人小组审查阶段

三人小组应抱怨方的书面要求而成立，其组成和工作程序应遵循协定的规定，除非纠纷双方另有约定。三人小组的职责是，依据协定的相关规定考察抱怨方提出的事宜，提出自己的发现和决定以及双方共同要求其提出的行动建议，并说明理由。

三人小组由纠纷双方各指定一名成员，共同指定第三人担任组长。如一方没有指定成员，或双方不能就第三人达成一致，则按第28.9条规定的具体程序来解决。

三人小组成员的资质要求是（第28.10条）：

（1）在法律、国际贸易和本协定覆盖的其他领域以及在国际贸易协定的纠纷解决方面，具有专业知识和经验；

（2）完全基于客观性、可靠性和判断能力来选任；

（3）独立于任何缔约方，不附属于任何缔约方或接受其指示；

（4）遵循“程序规则”（第28.13条）中的行为规范。

三人小组成立后，纠纷双方各有至少一次听证会的机会，向三人小组口头陈述自己的观点，然后有一次提交书面陈述的机会和一次提交书面评论意见的机会。除了保密信息外，听证和陈述都应公开。任何缔约方如认为事关自己利益，可作为第三方参加听证，提交书面陈述。

三人小组应在其三位成员被任命之日起 150 天之内提交初始报告。初始报告应包含事实发现以及三人小组关于以下问题的观点：

（1）所争议的措施是否与本协定义务不一致；

（2）一个缔约方是否未能履行其在本协定下的义务；

（3）所争议的措施是否造成了一个缔约方按照 CPTPP 一些章的规定可以合理地期待获得的一些利益，却发生无效或受损。

如果纠纷双方要求，报告也可提出行动建议；所有发现和观点都要说明理由；如果三人小组成员意见不一致，也可以单独陈述自己的意见（第 28.17 条）。

纠纷双方收到初始报告后 15 天内应书面提交评论意见。三人小组考虑评论意见，进行必要的进一步考察研究后，修改报告，并在提交初始报告之日起 30 天之内向纠纷双方提交最终报告。纠纷双方收到报告并对保密信息作保护处理后，应在 15 天之内公开该报告（第 28.18 条）。

（四）三人小组裁决的执行阶段

如果最终报告判定所争议的措施确实与本协定义务不一致、一方确实未能履行其在本协定下的义务、所争议的措施确实造成了无效或受损的情况，则回应方应采取行动消除上述违约情况。回应方采取行动可以有一个合理期限。如果双方在最终报告提交后 45 天之内不能就此期限达成一致，任何一方可要求三人小组组长仲裁。三人小组组长应在收到请求后 90 天之内作出决定，一般情况下此期限应不超过 15 个月，但也可以视情况延长或缩短。

如果最终报告的执行出现问题，基本的救济措施是赔偿和暂停利益（第 28. 20 条）。所谓“暂停利益”，指的是暂停回应方按协定从抱怨方得到的诸如减免关税等利益。具体规定如下。

首先，如果回应方已经通知抱怨方，它无意采取纠正行动消除违约情况，或者期限到期后双方就回应方是否已经消除违约情况不能达成一致意见，回应方在收到抱怨方要求后，可与其谈判，争取达成双方可接受的赔偿方案。赔偿之后是否就不需要再采取纠正行动？从第 28. 20 条的规定看，答案应该是不需要。当然，由于没有采取纠正行动所造成的对抱怨方利益的影响，会反映在赔偿数额中。

其次，如果在赔偿谈判开始 30 天之后，双方未能达成协议，或虽达成协议但抱怨方认为回应方未能执行协议条款，抱怨方可以书面通知回应方，它计划暂停“效应相当”的利益（benefit of equivalent effect），并说明要暂停利益的规模。在考虑暂停哪些利益时，抱怨方应遵守特定原则和程序（第 28. 20. 4 款）。

如果回应方认为抱怨方提出要暂停利益的其规模明显过度，或没有遵守应遵守的原则和程序，或认为自己已经消除了三人小组所指的违约情况，可以要求三人小组复会审议。如果三人小组确定抱怨方所提议的暂停利益的规模确实过度，可指定合适的规模。

在此基础上，除非三人小组判定回应方已经消除了三人小组所指的违约情况，否则抱怨方可按三人小组决定的规模暂停利益；如果三人小组判定抱怨方没有遵守相关的原则和程序，它可指定抱怨方以何种方式实施利益暂停。抱怨方只能按此方式暂停利益。

但是，如果回应方在规定期限内（抱怨方书面通知暂停利益后30天之内或三人小组作出判定后20天之内）书面通知抱怨方，它愿意支付货币补偿，则抱怨方不应采取暂停利益的行动。双方应开始协商，争取就补偿数额达成协议。

如果双方协商30天后不能达成协议，补偿数额应确定在相当于三人小组判定可暂停的利益的50%的水平上；如三人小组没有这样的判定，则应确定在相当于抱怨方提议要暂停的利益的50%的水平上（第28.20.7款）。

货币补偿应按季度等额支付，从回应方通知愿意支付货币补偿之日起60天开始第一笔支付（第28.20.8款）。支付第一笔补偿时，回应方应向抱怨方提交一个计划，说明其打算采取哪些步骤消除违约情况（第28.20.9款）。回应方可提供货币补偿以换取抱怨方在最长12个月（或双方同意延长）的时间内不采取暂停利益的行动（第28.20.10款）。如果出现下列情况之一，抱怨方可暂停利益（第28.20.12款）：回应方没有按承诺付款；回应方没有提交消除违约情况的计划；货币补偿换取的不暂停利益的期限已过，回应方没有消除违约情况。

如果回应方认为自己已经消除了违约情况，可以诉诸三人小组并书面通知抱怨方。三人小组应在90天之内就此完成一个报告。如果三人小组判定回应方确实已经消除了违约情况，抱怨方应立即恢复其所暂停的任何利益（第28.21条）。

从以上规定来看，三人小组扮演裁判或法官的角色。为保证其裁决得到执行，抱怨方主要的依托是“暂停利益”。

关于三人小组如何组成的规定，对大国和小国基本是平等的，但“暂停利益”作为保障裁决执行的最后依托，对各方的影响不一定完全相同。大国对小国暂停利益，比小国对大国暂停利益，其威慑力可能会更大。对此进行平衡的主要机制就是三人小组可以判定提议暂停的利益在规模上明显过度，并指定适当规模。支付货币补偿的规定提供了似乎有利于回应方的缓冲——只要回应方提出支付补偿，抱怨方就不能实施利益暂停，但这个缓冲期至多只能是1年。

第十一章

CPTPP 国有企业纪律要求与中国当前开放状况和有关缔约的比较分析

从中国当前所开展的自贸试验区和自贸港开放举措、自贸协定谈判、中美投资协定谈判、中欧投资协定谈判以及世贸组织改革谈判等五个层面，同 CPTPP 对于国有企业的纪律要求进行比较，可以从一个侧面反映中国对于 CPTPP 国有企业相关纪律要求的立场、态度。

一、关于“国有企业定义”

在中国所推行的自贸试验区、自贸港以及双边或多边自贸协定、投资协定、世贸组织改革等相关文件中，并没有对国有企业进行明确的定义。可见，关于国有企业的定义不是中国关注的重点，但在一些文件中存在一些相似的概念。

在中国同新加坡、瑞士、秘鲁三个国家所签订的自由贸易协定对于国有企业的定义中，仅聚焦于“国营贸易企业”，并且定义在引用 GATT 1994 第 17 条相关界定，即“被授予包括法定或宪法权力在内的专有权、特殊权利或特权的政府和非政府企业，包括销售局，在行使这些权利时，它们通过其购买或销售影响进出口的水平或方向”。另外，中国—韩国自由贸易协定中的竞争政策章节虽未明确提及国有企业，但对公用企业的内容作出了一系列规定。

二、关于“非歧视和商业考虑”

非歧视和商业考虑原则符合中国进一步扩大开放及深化改革的方向，中国基本立场是赞同的。事实上，从中国自贸试验区、自贸港以及双边或多边自贸协定、投资协定、世贸组织改革的立场来看，中国已经对公平竞争作出了承诺，只不过没有将国有企业作为专门的主体作出承诺。比如，在自贸试验区/自贸港建设方面，《海南自由贸易港建设总体方案》提出“制定出台海南自由贸易港跨境服务贸易负面清单，给予境外服务提供者国民待遇”，并明确“加强和优化反垄断执法，打破行政性垄断，防止市场垄断，维护公平竞争市场秩序”。在当前中国同24个国家或地区[①]所签订的16项自由贸易协定（或自由贸易协定升级版）中，许多自由贸易协定（或自由贸易协定升级版）均对非歧视和商业考虑作出明确规定。在世贸组织改革谈判方面，从中国所发布的关于世贸组织改革的《中国关于世贸组织改革的立场文件》和《中国关于世贸组织改革的建议文件》的内容来看，中国认为“非歧视涉及最惠国待遇和国民待遇”，“核心是确保任何成员不得在进出口方面针对某一成员采取歧视性做法”。为此，中国“维护非歧视、开放等多边贸易体制的核心价值，为国际贸易创造稳定和可预见的竞争环境”。

① 自贸协定分别为：中国—毛里求斯、中国—格鲁吉亚、中国—澳大利亚、中国—马尔代夫、中国—韩国、中国—瑞士、中国—冰岛、中国—哥斯达黎加、中国—秘鲁、中国—新西兰、中国—新加坡（含升级版）、中国—巴基斯坦（含第二阶段）、中国—智利（含升级版）、中国—东盟（含升级版）、中国内地—中国香港、中国内地—中国澳门。

三、关于“非商业援助”

同对于非歧视和商业考虑方面所持有的主张类似，在非商业援助方面，中国反对“对国有企业设立特殊的、歧视性纪律”，但是逐步厘清、降低非商业援助以及符合世贸组织规则的补贴以及建立公平竞争的市场秩序是重要的主张。在中国自贸试验区/自贸港方面，中国18个自贸试验区/自贸港的开放政策均不同程度地提出“强化竞争政策的基础性地位”。在中国签订的自由贸易协定方面，中国同许多国家所签订的自由贸易协定将世界贸易组织“补贴和反补贴措施”作为重要的双边自由贸易协定的重要内容。在中美投资协定谈判和中欧投资协定谈判方面，从《中华人民共和国政府和加拿大政府关于促进和相互保护投资的协定》（FIPA）内容来看，明确最惠国待遇、国民待遇不适用于“一缔约方提供的补贴或拨款，包括政府支持贷款、担保与保险”，因此，关于政府对国有企业提供非商业援助或者国有企业对其他国有企业提供非商业援助的问题，并不是中国关注的重要问题，中国并不赞成就国有企业非商业援助问题进行谈判。在世贸组织改革谈判方面，中国并不赞成对国有企业的非商业援助，但是在世贸组织谈判中更加强调当前“多边贸易救济规则存在缺失和模糊之处，实践中误用和滥用规则的情况大量存在，基于国别和企业类别的歧视性做法日益增加”。为此，在关于国有企业的非商业援助中，中国反对“借世贸组织改革对国有企业设立特殊的、歧视性纪律”。

双方代表组成”。不过，自由贸易区联合委员会并没有把关于国有企业和指定垄断委员会的内容作为重要的议题。

在例外方面，以中国的世贸组织改革谈判为例，中国所关注的重点是个别国家的“国家安全例外”滥用，反对“个别成员阻挠启动上诉机构成员遴选程序，滥用国家安全例外条款采取征税措施”。

在进一步谈判方面，以中国签订的自由贸易协定为例，中国所签订的双边或多边自由贸易协定均为未来进一步谈判和升级留足了空间。再以中国的世贸组织改革谈判为例，在对世贸组织改革的进一步谈判中，“中方反对借世贸组织改革对国有企业设立特殊的、歧视性纪律，也不同意将没有事实依据的指责列为世贸组织改革议题”。

表 11－1 **CPTPP 国有企业纪律同相关规范比较**

类型	CPTPP	自贸试验区/自贸港开放举措	中国与代表性国家自贸协定谈判	中美投资协定谈判	中欧投资协定谈判	世贸组织改革谈判
“国有企业”内涵和外延	详见第 17.1 条定义	—	第九条国营贸易企业“本协定的任何规定不得阻碍一方根据 GATT 1994 第 17 条维持或建立一个国营贸易企业”。（即“被授予包括法定或宪法权力在内的专有权、特殊权利或特权的政府和非政府企业，包括销售局，在行使这些权利时，它们通过其购买或销售影响进出口的水平或方向”）——《中华人民共和国政府和新加坡共和国政府自由贸易协定》	—	—	国营贸易企业被定义为“各成员国内从事对外贸易活动的企业，并且成员给予了这些企业某种程度的特权。”显然，一个国营贸易企业实际上并不需要被国家所实际拥有，事实上任何私营企业也可以享有国家的某种特权，只要其市场行为受到国家控制，当国家给予某公司“特权”来影响其市场活动，那么国家就在控制公司的市场活动
“非歧视和商业考虑”内涵和外延	详见第 17.4 条	比如，制定出台海南自由贸易港跨境服务贸易负面清单，给予境外服务提供者国民待遇	比如，“如一方垄断提供者直接或通过附属公司参与其垄断权范围之外且受该方具体承诺约束的提供服务的竞争，则该方应当保证该提	以准入前国民待遇加负面清单的方式同美国开展投资协定谈判	最惠国待遇、国民待遇	GATT 第 17 条基本一致，GATT 第 17 条 1（b）规定，“第（a）项规定应理解为要求企业依本协定其他规定适当考虑，

续表

类型	CPTPP	自贸试验区/自贸港开放举措	中国与代表性国家自贸协定谈判	中美投资协定谈判	中欧投资协定谈判	世贸组织改革谈判
“非歧视和商业考虑”内涵和外延		再如，加强和优化反垄断执法，打破行政性垄断，防止市场垄断，维护公平竞争市场秩序	供者在其境内不滥用其垄断地位，以与该承诺不一致的方式行事” 再如，非歧视待遇、最惠国待遇 ——《中华人民共和国政府和新西兰政府自由贸易协定》			使包括价格、质量、物流等任何购买或销售过程完全依商业考虑，并应给予企业其他缔约方充分参与购买或销售的竞争机会” “非歧视涉及最惠国待遇和国民待遇，核心是确保任何成员不得在进出口方面针对某一成员采取歧视性做法” “维护非歧视、开放等多边贸易体制的核心价值，为国际贸易创造稳定和可预见的竞争环境”
“非商业援助”内涵和外延	详见第17.6条	比如，强化竞争政策的基础性地位，确保各类所有制市场主体在要素获取、	比如，缔约双方保留构成世贸组织协定组成部分的《关于实施1994年关税与贸易总协定第六条的协定》和	最惠国待遇、国民待遇不适用于“一缔约方提供的补贴或拨款，包括政府支持贷款、担保与保险”		“多边贸易救济规则存在缺失和模糊之处，实践中误用和滥用规则的情况大量存在，基于国

续表

类型	CPTPP	自贸试验区/自贸港开放举措	中国与代表性国家自贸协定谈判	中美投资协定谈判	中欧投资协定谈判	世贸组织改革谈判
“非商业援助”内涵和外延		标准制定、准入许可、经营运营、优惠政策等方面享受平等待遇。政府采购对内外资企业一视同仁	《补贴与反补贴措施协定》项下的“权利与义务” ——《中华人民共和国政府和巴基斯坦伊斯兰共和国政府自由贸易协定》			别和企业类别的歧视性做法日益增加” “在补贴相关纪律讨论中，不能借世贸组织改革对国有企业设立特殊的、歧视性纪律”
“透明度”内涵和外延	详见第17.10条	—	比如，“在可能的程度内，各缔约方应通知另一缔约方本方认为可能对本协定执行产生实质影响或对另一缔约方在本协定项下的利益产生重要影响的措施” ——《中国—哥斯达黎加自由贸易协定》	不愿意谈判关于政府对于国有企业开展活动的透明度问题，重点聚焦于法律、法规与政策的透明度		反对“不加区别地将所有国有企业都认定为《补贴与反补贴措施协定》中的‘公共机构’，对国有企业设立额外的透明度和纪律规则”
法院和行政管理机构	详见第17.5条	比如，“设立自贸试验区法院或法庭，健全涉自贸试验区案件审判工作机制，平等保护中外当事人合法权益，依法保障自贸试验区创新发展”	比如，“各缔约方应维持或尽快设立司法、仲裁或行政庭或程序，在另一缔约方受影响的服务提供者请求下，对影响服务贸易的行政决定迅速进行审议，并在请求被证明合理的情况下提供适当的补救” ——《中华人民共和国政府和加拿大政府关于促进和相互保护投资的协定》	法院是解决纠纷的重要手段		—

续表

类型	CPTPP	自贸试验区/自贸港开放举措	中国与代表性国家自贸协定谈判	中美投资协定谈判	中欧投资协定谈判	世贸组织改革谈判
国有企业和指定垄断委员会	详见第17.12条	—	比如，“成立中国—韩国自由贸易区联合委员会”，“由部长级的双方代表组成” ——《中国—韩国自由贸易协定》	—		“改革应尽快解决上诉机构成员遴选问题，并将违反世贸组织规则的单边主义和保护主义做法关进制度的笼子，确保世贸组织各项功能的正常运转”
例外	详见第17.13条	—	比如，包括“一般例外”“安全例外”等 ——《中国—韩国自由贸易协定》	中国的政府和国有企业在最低待遇标准、最惠国待遇和其他义务方面被授予大量的例外		反对“个别成员阻挠启动上诉机构成员遴选程序，滥用国家安全例外条款采取征税措施”
进一步谈判	详见第17.14条	—	比如，“本协定生效后两年内，缔约双方将在联合委员会上对本章和附件一中所列的缔约双方的关税减让表进行审议。此后缔约双方将每两年在联合委员会上就上述内容进行一次审议” ——《瑞士联邦和中华人民共和国自由贸易协定》	“任一缔约方应采取所有必要措施以确保省级政府遵守本协定的规定”		“中方反对借世贸组织改革对国有企业设立特殊的、歧视性纪律，也不同意将没有事实依据的指责列为世贸组织改革议题”

第十二章

关于 CPTPP 国有企业规则的应对

国有企业被认为是中国考虑加入 CPTPP 时最具挑战性的领域之一。接受 CPTPP 国有企业规则是否符合中国利益、是否会给中国带来无法应对的挑战？这需要从合意性和可行性两个方面分析利弊。我们基于对 CPTPP 国有企业条款具体规则的客观分析，认为 CPTPP 国有企业规则总体上与中国的基本经济制度不存在根本性冲突，接受 CPTPP 国有企业规则符合中国的长远和整体利益，中国具备应对相关挑战的能力基础和基本条件，关键是坚定地按照既定的市场化方向全面深入地推进相关改革。

一、CPTPP 国有企业规则不触及中国“红线”

CPTPP 不要求国有企业进行私有化，不反对国有企业行使公共政策职能，也不禁止对国有企业进行公平的商业援助，表面上似乎是约束国有企业，实质上是要求理顺政企关系，使国有企业不得再享有政府、公共机构或其他国有企业给予的优惠待遇，真正成为独立的市场主体，与其他各类所有制企业一样公平竞争。这一思路与中国一直所遵循的国有企业改革市场化原则基本一致。

CPTPP 国有企业条款并不要求国有企业私有化，而是承认国有企业在市场经济下的合理存在和在缔约国经济中的角色。这是各缔约国能达成一定共识的基础。

CPTPP 国有企业条款并不妨碍国有企业履行公共政策职能，而是认可国有企业在公共服务、国防安全、经济稳定、社会公平等领域发挥作用，允许其接受透明、合理的政府补贴并行使相应的公共政策职能。

CPTPP 相关规则并不排斥国有企业参与全球贸易体系。CPTPP 对待国有企业的立场，与以 WTO 为核心、奉行“所有制中性”原则的全球贸易体系基本上一脉相承，并不排斥国有企业参与全球贸易体系——只要国有企业遵循公平竞争原则，其所有制无关紧要，至少对贸易来说是如此。

CPTPP 国有企业规则并不歧视国有企业。CPTPP 之所以制定专门针对国有企业的纪律约束，重点是防止国有企业因客观存在的更密切的政企关系而从政府获得不当竞争优势，主要目的是促进公平竞争。抛开基于动机的主观猜测而基于对文本的客观分析，难以认定 CPTPP 国有企业规则是歧视和限制（中国）国有企业发展的工具。

二、接受 CPTPP 国有企业规则符合中国的整体和长远利益

CPTPP 国有企业规则要求与中国国有企业改革方向基本一致。CPTPP 国有企业规则表面上是约束国有企业，实质上是要求理顺政企关系，消除可能的资源倾斜、政策照顾给国有企业带来的不当竞争优势，使国有企业在商业活动中不再享有政府、公共机构或其他国有企

业给予的优惠待遇，与其他各类所有制企业公平竞争。而各类所有制企业公平竞争是中国社会主义基本经济制度的基石，从党的十四届三中全会以来，保证各种所有制企业公平竞争一直是中国改革的基本原则之一。CPTPP 国有企业规则承认国有企业合理角色，同时要求其公平参与市场竞争，这符合中国国有企业改革的方向，与中国一直所遵循的国有企业改革市场化原则基本一致——使大量从事商业活动的国有企业成为与市场经济深度融合、和其他企业公平竞争、与世界经济兼容、与国际规则对接的商业实体，这必然也包括公平参与全球市场竞争和全面对接全球经贸规则。

有助于完善公平竞争的经济关系和构建协调发展的经济格局。党的十八大以来，中国高度重视市场主体的公平竞争，不断强化竞争政策的基础性地位，大力营造各类市场主体“三公一平一同”的发展环境。从党的十八届三中全会到十九届五中全会，保障各类企业公平竞争一直是改革的基础性工作。因此，即使不考虑经贸伙伴的诉求，CPTPP 国有企业规则所要求的这些全球通行的市场经济一般规则，既是市场经济中的国有企业应该遵守的，也是我们自己完善各类企业“公平竞争、共同发展”的经济关系和构建“国民共进、协调发展”的经济格局所要求的。

有助于大型国有企业“走出去”参与国际竞争。大型国有企业作为“国家队”代表，“主赛场”应立足全球市场。建设具有全球竞争力的世界一流企业以及推动“一带一路”高质量发展，要求“走出去”的国有企业适应和把握代表高标准、高水平发展方向的国际经贸规则。中国不少大型民营企业以及众多优秀的国有企业，在国际市场根本无须借助不公平竞争的手段。反过来，离开不公平竞争手段就无法参与国际竞争的企业，对中国经济的贡献极其有限。而且以有损公平的方式参与国际竞争，既不可持续也得不偿失，实际上并不符合中国作为负责任大国的自身长远整体利益——中国是贸易大国，是公平竞争的全球贸易体系的重要获益者。

有助于参与完善全球经济治理。随着 CTTPP 所代表的高标准经贸规则逐渐被更多的双多边自贸协定所借鉴和利用，接受这一覆盖日益广泛、逐渐成为国际共识的经贸规则，顺应发展趋势，有利于我们更主动地参与完善全球经济治理。

不接受也需要面对类似规则。就国有企业规则而言，如果中国选择不加入 CPTPP、不接受其纪律要求，会面对一个什么样的情况？最为现实的一种可能是：由于 CPTPP 体现了目前全球市场上被普遍接受的原则，即使不加入 CPTPP，在其他类似谈判中，中国在国有企业问题上也很难避免面对与 CPTPP 类似或更具挑战性的要求——不论是在多边的 WTO 改革，在区域的 USMCA，还是在双边的欧越、欧日自贸协定，国有企业规则都已经成为无法回避的议题。如果中国无法避免在国际舞台上与美欧日等交往，就难免会遭遇与 CPTPP 类似或更具挑战性的要求。相比之下，接受 CPTPP 的国有企业纪律要求至少没有什么损失。如果能在美国返回之前加入 CPTPP，对中美之间在国有企业问题上的谈判产生积极影响也是有可能的，至少可以争取主动。

当然，不管其他国家的立场如何和环境如何变化，最为重要的是接受 CPTPP 国有企业规则符合中国自己的利益——CPTPP 国有企业规则与中国国有企业改革方向一致，有助于减少政府对市场资源的直接配置和对微观经济活动的直接干预，有利于全面对接国际高标准市场规则体系，符合中国自身的整体和长远利益。

三、中国具备应对 CPTPP 国有企业规则挑战的能力基础和基本条件

中国加入 WTO 时对国有企业有较高标准的承诺。2001 年中国最终加入 WTO 的时候，除了接受包括《补贴和反补贴措施协定》（SCM 协定）在内的 WTO 的一般规则，还接受了若干专门针对国有企业的规则。中国关于国有企业的承诺反映在《中国加入世贸组织议定书》和《中国加入工作组报告书》两个法律文件中，主要包括商业考虑和非歧视、商业决策的独立性、限制补贴和透明度义务四个方面。也就是说，在 CPTPP 之前，中国在加入 WTO 时已经接受了类似的国有企业规则。

CPTPP 对国有企业的纪律约束虽然被广泛认为属于高标准，但其内容多数来自中国已经接受的 WTO 一般规则和专门针对中国国有企业的规则：即使是中国最难接受的非商业援助规则，其主要内容也是来自 WTO 的 SCM 协定，只是术语和表述不同以及有所扩展而已；商业考虑和非歧视原则，则是来源于《关税和贸易总协定》关于国营贸易企业的规则，与中国加入 WTO 时的承诺基本一致，也符合中国进一步扩大开放及深化改革的方向。

当然，关于国有企业规则，CPTPP 与 WTO 也存在一些不一致之处。这包括多种情况，需要具体分析，不能一概而论：它们多数都来自中国已经接受的 WTO 规则，或至少在精神上一致；少数不一致之处或者实际意义有限，或者属于中国从自身利益出发可以接受的让步，或者需要进一步研究。

需要引起重视的是，CPTPP 关于国有企业相互之间提供非商业援

范补偿机制、促进公平竞争、提高透明度等改革，中国应对 CPTPP 国有企业规则挑战是有把握的。

首先，清理、控制和规范涉及国有企业的资助或补贴，对中国是最具挑战性的改革任务。但即使不加入 CPTPP，这也是中国保证国内市场公平竞争、规范财政秩序和国有企业可持续发展的需要。这当中，重点和难点问题是规范国有企业的债务和股权融资，消除通过融资渠道流向国有企业的非商业援助。同时，要避免针对所有企业的研发补贴等公共政策在执行中被扭曲为倾向于国有企业的做法。

其次，主动推进政府补贴机制改革。建立规范的公共服务补偿制度，完善对国有企业履行公共政策职能的补偿机制，对国有企业承担的公共政策职能给予充分、透明、可问责的补偿，并将之与非商业援助清晰区别。

再次，清理和规范对特定企业（包括国有企业）的各种政策优惠和资源倾斜，这是颇具挑战性的改革。如对困难企业的债转股或债务豁免，应不分所有制类型地对所有企业一视同仁，不能不成比例地向国有企业倾斜，并按自主协商、市场化、法治化原则运作。

最后，我们也必须意识到，CPTPP 国有企业相关纪律要求不仅是规范与约束国有企业的行为，更是对政府行为的规范与约束。因此，如中国考虑加入 CPTPP，不仅要坚定地全面深化国有企业改革，也要深化政府行为改革。其中，最关键的是政府下决心在充分竞争领域的商业性国有企业中强化国有资本收益功能，并退出其微观决策，彻底地实现政企分开。

致　谢

本书主要内容来源于国务院发展研究中心企业研究所2020年重点课题及相关研究。

许英杰副研究员（参与第一章、第三章、第十一章）、单衍菲助理研究员（参与第一章）及国家发展改革委经济所石颖助理研究员（参与第一章、第二章）做了相关工作；课题组邀请了世界银行资深专家张春霖研究员参与，分享了他对相关问题的深入思考和心得体会，给予课题组良多启发。在此一并致谢！

当然，由于最后统稿时大幅修订，文责由本书署名作者自负。

参考文献

[1] Abe Y, Sekine T. Non-Commercial Assistance Rules in the TPP: A Comparative Analysis with the SCM Agreement. David A. Gantz& Jorge Huerta Goldman, The Trans Pacific Partnership Agreement: Its Substance and Impact on International Trade, NAFTA, and Other FTAs (Forthcoming), 2016.

[2] Alschner Wolfgang & Panford-WalshRama. (2019) . How much of the Transpacific Partnership is in the United States-Mexico-Canada Agreement? . Ottawa Faculty of Law Working Paper, No. 2019 –28.

[3] Anh N. T. N. , Vân D. H. , Nhung T. TT. , et al. Exploring solutions for developing the production materials supply chain of Vietnam under the CPTPP. 2019.

[4] Anuar A. To Ratify or Not to Ratify? Malaysia's CPTPP Question.

[5] Capobianco A. & ChristiansenH. (2011) . Competitive Neutrality and State-Owned Enterprises: Challenges and Policy Options. OECD Corporate Governance Working.

[6] Cheng T. J. , Lee W. C. Wrestling over the Trans-Pacific Partnership: US strategic interests, China's responses, and Taiwan's membership options. The Trans-Pacific Partnership and the Path to Free Trade in the Asia-Pacific. Edward Elgar Publishing, 2016.

[7] David-Ives C. New transnational neoliberal frameworks and indigenous peoples: Maori response to the trans-pacific partnership in New Zealand. Cultures of the Commonwealth, 2020 (23): 109.

[8] Diao S. From American Acts to CPTPP Rules: the Enlightenment to Patent Linkage Reforms in China. 3rd International Conference on Judicial, Administrative and Humanitarian Problems of State Structures and Economic Subjects (JAHP 2018) . Atlantis Press, 2018.

[9] Esserman G. Susan, TillmanLuke, ShapiroLauren, &VenkataramanArun. (2019) . USMCA Unlocked: Working Under the New NAFTA.

[10] Esserman Susan, VenkataramanArun, TillmanLuke, & ShapiroLauren. (2019) . USMCA Unlocked: Working Under the New NAFTA.

[11] Fleury Sylvestre Julien & Marcoux Jean-Michel. (2016) . The US Shaping of State-Owned Enterprise Disciplines in the Trans-Pacific Partnership. Journal of International Economic Law, 445 –465.

[12] GoodmanP. Mathhew. (2018March) . From TPP to CPTPP.

[13] HufbauerGary. (1998). China as an Economic Actor on the World Stage: An Overview. (ed.) AbbottF., China in the World Trading System: Defining the Principles of Engagement. Kluwer Law International.

[14] KawaseTsuyoshi, &AmbashiMasahito. (2018). Disciplines on State-Owned Enterprises under the Trans-Pacific Partnership Agreement: Overview and Assessment. ERIA Discussion Paper Series.

[15] Kelsey J. How a TPP-Style E-commerce Outcome in the WTO would Endanger the Development Dimension of the GATS Acquis (and Potentially the WTO). Journal of International Economic Law, 2018, 21 (2): 273-295.

[16] Kelsey J. The Risks for ASEAN of New Mega-Agreements that Promote the Wrong Model of e-Commerce. Developing the Digital Economy in ASEAN, 2017.

[17] Kim Minwoo. (2017). Regulating the Visible Hands: Development of Rules on State-Owned Enterprises in Trade Agreements. Harvard International Law Journal, Volume 58, Number 1.

[18] Lee J. Trade Agreements´New Frontier-Regulation of State-Owned Enterprises and Outstanding Systemic Challenges. Asian J. WTO & Int1 Health L &Pol ý, 2019, 14: 33.

[19] LevyI. Philip. (2017). The Treatment of Chinese SOEs in China's WTO Protocol of Accession. World Trade Review, Volume 16, Issue 4 (Symposium on State-Owned Enterprises in China) pp. 635-65.

[20] Li C., Lin X., Whalley J. Comparing Alternative China and US Arrangements with CPTPP. National Bureau of Economic Research, 2020.

[21] London J. Vietnam in 2018: Consolidating marketLeninism. Asian Survey, 2019, 59 (1): 140-146.

[22] Luca Rubini, Wang Tiffany (forthcoming). The Regulation of State Enterprises in PTAs. Aaditya Mattoo Rocha, Michele Rutaedited Nadia, World Bank Handbook of Deep Integration Trade Agreements. World Bank.

[23] Nawawi Khatina Wan. (2018). Emerging Rules for State-Owned Enterprises: Chapter 17 of the CPTPP. SauvébyPierreEdited, Malaysia's Trade Governance at a Crossroads (P271-311). Kuala Lumpur, Malaysia: Khazanah Research Institute.

[24] Nguyet L. E. T. A. State-owned Enterprise Reforms in the TPP Negotiation: Is it a win-win for Vietnam?. 2015.

[25] OECD. (2013). Maintaining a Level Playing Field between Public and Private Businessfor Growth and Development: Background Report.

[26] OECD (2017). The Size and Sectoral Distribution of State-Owned Enterprises. Paris: OECD Publishing.

[27] Petri P. A., Plummer M. G. Should China Join the New Trans-Pacific Partnership?. China & World Economy, 2020, 28 (2): 18-36.

[28] Qin Ya Julia. (2004). WTO Regulation of Subsidies to State-Owned Enterprises (SOEs) - A Critical Appraisal of the China Accession Protocol. Journal of International Economic Law, 7 (4): 863 - 919.

[29] Sylvestre Fleury J., Marcoux J. M. The US shaping of state-owned Enterprise disciplines in the Trans-

Pacific Partnership. Journal of International Economic Law, 2016, 19 (2): 445 -465.

[30] Van Vu N. Impacts of Comprehensive and Progressive Agreement for Trans-Pacific Partnership on Vietnam. Vietnam Social Sciences, 2019 (2): 14.

[31] Vora K. The Comprehensive and Progressive Agreement for Trans-Pacific Trade Partnership: An Appraisal. SEMCOM Management & Technology Review, 2019.

[32] Willemyns I. Disciplines on state-owned enterprises in international economic law: Are we moving in the right direction? . Journal of International Economic Law, 2016, 19 (3): 657 -680.

[33] World Bank (2016) . Malaysia Economic Monitor: Leveraging Trade Agreements. The World Bank.

[34] World Bank Competition Policy Team (2016) . TPP Chapter 17. Wahsington DC: unpubliishedmanucripts.

[35] WTO. (2001A) . 中华人民共和国加入议定书.

[36] WTO. (2001B) . 中国加入工作组报告书.

[37] WTO Appellate Body. (2004) . Canada-Measures Relating to Exports of Wheat and Treatment of Imported Grain: Report of the Appellate Body.

[38] WTO Appellate Body. (2011) . UNITED STATES - DEFINITIVE ANTI-DUMPING AND COUNTERVAILING DUTIES ON CERTAIN PRODUCTS FROM CHINA.

[39] Wu Mark (2016) . The "ChinaInc. " Challenge to Global Trade Governance. Harvard International Law Journal, Vol. 57, No. 1.

[40] Wu Yingying (2017) . Reforming WTO rules on state-owned enterprises. https: //www. ideals. illinois. edu/handle/2142/99475: University of Illinois.

[41] Yun M. An analysis of the new trade regime for state-owned enterprises under the trans-Pacific partnership agreement. Journal of East Asian Economic Integration, 2016, 20 (1): 3 -35.

[42] ZHANG Y, YANG W. Japan's Motivation for Leading CPTPP and China's Countermeasures. Contemporary Economy of Japan, 2019 (4): 2.

[43] 白洁，苏庆义. CPTPP 的规则、影响及中国对策：基于和 TPP 对比的分析. 国际经济评论，2019 (1)

[44] 步丹璐，郁智. 政府补助给了谁——基于 2007 ~2010 年的中国上市公司的实证分析. 财政研究，2012 (8)

[45] 财政部科研院课题组. 以深化国企改革应对 TPP 替代协议影响研究. 财政科学，2017 (6)

[46] 蔡彤娟，郭小静. TPP 到 CPTPP：中国面临的新挑战与对策. 区域与全球发展，2019，3 (2)

[47] 陈汉，彭岳. TPP 关于国有企业的规则研究. 北京化工大学学报（社会科学版），2018 (1)

[48] 程俊杰，黄速建. 基于竞争中性的混合所有制改革：逻辑框架与推进路径. 江海学刊，2019 (5)

[49] 国务院. 国务院关于印发 6 个新设自由贸易试验区总体方案的通知

[50] 国务院. 国务院关于印发中国（上海）自由贸易试验区总体方案的通知

[51] 国务院. 国务院关于印发中国（广东）自由贸易试验区总体方案的通知

[52] 国务院. 国务院关于印发全面深化中国（上海）自由贸易试验区改革开放方案的通知

[53] 国务院. 国务院关于印发中国（海南）自由贸易试验区总体方案的通知

[54] 国资委，财政部，发展改革委. (2015) . 关于国有企业功能界定与分类的指导意见

[55] 何干强. 关乎坚持维护宪法尊严的一个重大经济理论问题——“竞争中性”辨析. 高校马克

思主义理论研究，2020（1）
［56］和军，张依．基于“竞争中性”原则的国有企业分类改革．社会科学文摘，2020（10）
［57］和军，谢思．基于竞争中性的政府监管：国际比较与改革方向．湖湘论坛，2020，33（3）
［58］黄速建，肖红军，王欣．竞争中性视域下的国有企业改革．中国工业经济，2019（6）
［59］刘斌，于济民．中国加入 CPTPP 的可行性与路径选择．亚太经济，2019（5）
［60］逯新红．中国加入 CPTPP 的时机与条件是否成熟？．金融与经济，2019（9）
［61］刘向东，李浩东．中国提出加入 CPTPP 的可行性与实施策略分析．全球化，2019（5）
［62］刘湘丽．竞争中性视角下国有企业三项制度改革的症结与对策．经济体制改革，2019（5）
［63］樊富强．竞争中立视角下国有企业作为政府采购主体问题研究．中国政府采购，2016（3）
［64］沈铭辉．“竞争中性”视角下的 TPP 国有企业条款分析．国际经济合作，2015（7）
［65］苏庆义．中国是否应该加入 CPTPP？．国际经济评论，2019（4）
［66］商务部．中国自由贸易区服务网协定专题
［67］唐宜红，姚曦．竞争中立：国际市场新规则．国际贸易，2013（3）
［68］屠新泉，徐林鹏，杨幸幸．国有企业相关国际规则的新发展及中国对策．亚太经济，2015（2）
［69］屠新泉，曹鸿宇．中欧 BIT 谈判投资自由化问题研究．国际贸易，2019（9）
［70］屠新泉．世界贸易组织改革的中国建议．现代国企研究，2019（15）
［71］屠新泉，庞超然，刘斌．TPP 搁浅对中国的影响及对策．求索，2016（12）
［72］王丹．以竞争中性制度促进形成强大国内市场．宏观经济管理，2020（6）
［73］文宗瑜，孙晓悦．竞争中性规则视角下的国企改革及相关改革深化．财政监督，2020（13）
［74］吴振宇．竞争中性原则对深化国企改革的启示．山东国资，2020（3）
［75］夏凡．中国国有资产管理体制改革对策——基于“竞争中性”原则．商业经济研究，2019（7）
［76］项安波．借鉴竞争中立原则应对 TPP 协定国企条款挑战．国务院发展研究中心调查研究报告第 50 号（总 4933 号），2016
［77］项安波．国企改革发展要主动适应促进公平竞争的政策取向．国务院发展研究中心调查研究报告第 109 号（总 5384 号），2018
［78］项安波．WTO 改革国企议题的背景与各国主张．国务院发展研究中心调查研究报告第 230 号（总 5974 号），2020
［79］项安波．中国应对 WTO 改革国企议题的基本立场．国务院发展研究中心调查研究报告第 231 号（总 5975 号），2020
［80］项安波，石颖，单衍菲，许英杰．“竞争中性”的国际演进与借鉴启示．国务院发展研究中心调查研究报告第 137 号（总 6202 号），2021
［81］熊月圆．“竞争中立”视阈下的 TPP 国企规则评析．金融发展研究，2016（9）
［82］徐昕．国有企业国际规则的新发展 ——内容评述、影响预判、对策研究．上海外经贸大学学报，2017（1）
［83］银温泉．竞争中性视角下的国企改革．宏观经济管理，2019（10）
［84］余菁．竞争中性原则的政策应用．求是学刊，2020，47（2）
［85］余烨．TPP 国有企业的定义对中国国企分类改革的启示．长安大学学报（社会科学版），2017（4）
［86］袁波．CPTPP 的主要特点影响及对策建议．国际经济合作，2018（12）

[87] 张丽萍 . TPP 协定和 WTO 有关国有企业规定之比较 . 国际商务研究，2017（5）
[88] 张久琴 . 竞争政策与竞争中立规则的演变及中国对策 . 国际贸易，2019（10）
[89] 张春霖 . 国企改革再出发 . 比较，2018（4）
[90] 张春霖 . 从数据看全球金融危机以来中国国有企业规模的加速增长 . 比较，2019（6）
[91] 张宇 . CPTPP 的成效、前景与中国的对策 . 国际贸易，2020（5）
[92] 张岩 . CPTPP 发展未来可期中国应积极参与分享贸易红利 . 中国对外贸易，2019（3）
[93] 郑建成，王卓 . CPTPP、美日贸易协定及中国的应对——基于日本与 CPTPP10 国及美国贸易投资面板数据的分析 . 东北亚经济研究，2019，3（6）
[94] 赵硕刚 . 国际经贸规则变化趋势对中国的影响及对策 . 海外投资与出口信贷，2019（6）